보이지 않은 역사

한국 시각장애인들의 저항과 연대

KB146807

보이지 않은 역사

한국 시각장애인들의 저항과 연대

ⓒ 주윤정 2020

초판 1쇄	2020년 10월 20일		
지은이	주윤정		
출판책임	박성규	펴낸이	이정원
편집주간	선우미정	펴낸곳	도서출판 들녘
디자인진행	한채린	등록일자	1987년 12월 12일
편집	이수연·김혜민·이동하	등록번호	10-156
디자인	김정호	주소	경기도 파주시 회동길 198
마케팅	전병우	전화	031-955-7374 (대표)
경영지원	김은주·장경선		031-955-7381 (편집)
제작관리	구법모	팩스	031-955-7393
물류관리	엄철용	이메일	dulnyouk@dulnyouk.co.kr
		홈페이지	www.dulnyouk.co.kr

ISBN	979-11-5925-583-0 (93330)	CIP	2020042270

이 도서의 국립중앙도서관 출판예정도서목록(CIP)은
서지정보유통지원시스템 홈페이지(http://seoji.nl.go.kr)와
국가자료공동목록시스템(http://www.nl.go.kr/kolisnet)에서 이용하실 수 있습니다.

보이지
않은
역사

한국 시각장애인들의 저항과 연대

주윤정 지음

들녘

시각장애인의 이상한 세계 구경하기

시각장애인의 역사와 사회를 연구하는 동안, 나는 꼭 '이상한 나라의 앨리스'가 된 기분이었다. 우연히 데굴데굴 굴러들어간 시각장애인의 사회에는 우리 보이는 사람들이 보지 못하는 다양한 역사, 이야기들이 넘쳐나고 있었다.

시각장애인들을 만나기 시작한 것은 대학교 졸업 이후 '우리들의 눈'이란 미술단체에서 시각장애인 어린이와 미술활동을 하면서부터다. 맹학교에 자원봉사를 가기도 했고, 시각장애인 친구들과 미술관을 다니는 프로그램을 만들기도 했다. 15년 전에는 안내견을 데리고 민속박물관을 방문할 수 있는지에 대해서도 허락을 받아야 했고, 보지 못하는 사람들이 어떻게 그림을 볼 수 있을지 동료들과 난상토론을 펼치기도 했다.

마크 로스코의 작품을 구경하러 미술관에 갔을 때의 일이다. 같이 간 시각장애인 친구가 한 작품 앞에서 30분 이상을 꼼짝하지 않고 작품을 느끼고, 그 느낌을 나에게 전해주는 게 아닌가? 그 친구는 전혀 보지 못하는 전맹이다. 그 친구가 보는 다른 세계를 그 친구의 말을 통해 경험하며, 이 다른 세계의 역사와 이야기는 어떻게 구성되었을까 몹시 궁금해졌다. 이들의 구수한 입담과 이야기 재주는 도대체 어떤 전통에서 비롯되었을까, 삶에 대한 군건한 의지는 어디에서 왔을까 등 호기심이 동했다.

본격적으로 시각장애인 구술사 조사를 하면서, 시각장애인들의 다양한 집단들을 찾아다니기 시작했다. 인구 25만여 명 정도의 집단이지만 그 안에도 안마맹인, 점복맹인, 구걸맹인 등 다양한 세계가 존재했다. 그리고 각 집단은 자신들의 역사적 전통에 대한 자부심이 대단했다. 맹인계 원로들을 찾아다니며 조사하던 중 흥미로운 점을 발견했다. 만나는 분마다 법의 문제점을 찬찬히 지적하거나 자신들의 석사논문, 혹은 미간행 원고를 전해주었다는 점이다. 글자도 읽기 어려운 시각장애인들이 어떻게 제도를 깊이 이해하고, 또 어떻게 역사를 기록하며 전승해왔을까? 그러면서 필자는 차츰 점자의 역사, 그리고 시각장애인들의 역사 전통의 세계에 빠져들었다. 한번 인터뷰를 가면 시간 가는 줄 모르고 이야기를 들었다.

시각장애인들을 만나면 만날수록 다양한 궁금증들이 생겨서 이 생경한 세계에 대한 탐험으로 이어지게 했다. 물론 시각장애인들은 근대 사회에서 차별도 많이 겪었다. 법적인 차별, 사회적 차별, 직업적 차별은 현실이었다. 그렇지만 차별, 배제를 연구하기 위해 들어간 시각장애인의 사회 안에는 그보다 더 놀라운 저항과 연대의 서사, 사람의 이야기가 존재했다.

이 책을 읽는 독자들이 앨리스와 같은 심정으로 시각장애인의 세계를 이해하길 바란다. 다양한 주체들이 어울리는 평등한 사회란 차별금지법 등 법적 제도와 사회의 강제적 규범으로만 가능한 것이 아니라, 사람에 대한 관심, 사람이 살아오면 만든 문화와 제도에 대한 관심, 그에 대한 이해와 존중, 그리고 호기심이 있을 때 가능할 것이다. 그리고 사람들은 수많은 재난과 역경을 겪으며, 그 파도를 올라타기도 하고, 그것에 맞서기도 하고 때로는 잠시 피해 있기도 했다. 코로나 19 팬데믹으로 많은 사람들이 어려운 이 시절, 시각장애인들의 역사는 사람이 어떻게 살아가야 할지, 사회의 역할은 무엇인지에 대한 실마리를 제공한다.

필자는 장애인 차별, 배제와 격리에 대한 연구를 진행 중이다. 보다 본격적으로 한국 사회의 폭력이 소수자들에게 어떤 영향을 미쳤는지를 형제복지원 피해 생존자, 한센인의 격리의 역사를 통해 살펴보고 있다. 그리고 이런 생명의 취약성에 대한 관점을 사람뿐 아니라 타 생명으로 확장하여 멸종위기에 놓인 동물 종 등 생태 문제에 대한 연구도 함께 진행하고 있다. 차이에 대한 작은 호기심에서 시작한 모험이 이제 장애를 넘어 비인간 세계로 확장되고 있는 것이다.

이 책이 나오기까지 글쓴이가 만난 다양한 시각장애인들, 학문적 대화를 함께 나누어준 선생님들, 동료들, 그리고 비틀거리는 학자의 삶을 지켜봐준 가족들에게 감사의 마음을 전한다.

차례

서문

시각장애인은 역사를 갖고 있는가? 기존의 한국 역사 서술은 민족의 역사나 정치인의 역사 중심으로 서술되어 그 안에서 사회적 약자 집단 혹은 소수자의 작은 역사를 찾기란 어려운 일이었다. 작은 주체들의 역사는 어떻게, 어떤 자료에 기반을 두어 기록되고 가시화될 수 있는가? 더욱이 식민/탈식민, 압축적 근대 등 질곡의 한국사의 역사에서 시각장애인이라는 사회적 약자의 역사는 어떻게 기록되고 자리매김될 수 있는가? 그리고 시각장애인들은 이런 숨 가쁜 변화 속에서 어떻게 적응해왔는가?

이전에는 보이거나 목소리가 들리지 않았던 집단들의 목소리가 사회의 민주화와 더불어 점진적으로 들리고 있다. 이것은 기존의 민족, 민주주의 등 사회의 중심적 변화를 기초로 설명하던 방식과 달리 주변부의 시각으로 한국 사회의 역사를 살펴보는 시각들이다. 미시사, 일상사, 탈식민주의 역사 서술 등의 영향을 받아 이제는 한국 사회에서도 작은 집단들의 보이지 않았던 역사에 대한 관심이 높아지고 있다.

필자의 시각장애인에 대한 관심은 근대성에 대한 관심에서 시작되었다. 흔히 시각 중심적으로 사회가 재편되었다는 근대 사회에서 시각장애인들은 어떻게 근대를 버티어냈는지 궁금했다. 계몽(enlightenment)과 근대성 자체가 빛의 은유를 통해 시작이 되고, 다양한 시각매체와 활자매체를 통해 확산되었다고 하는데 시각 중심의 근대 사회에서 시각장애인은 어떻게 근대를 살아왔을까 하는 궁금증이 들었다. 근대 사회는 문자 매체를 통해 지식이 전달되는 방식으로 사회 체계가 변화했는데, 이 안에서 시각장애인들은 변화에 어떻게 적응했을까. 더욱이 한국의 사회 변동은 압축적 근대라고 불릴 정도로 식민/탈식민, 전쟁/냉전, 개발독재 등 질곡의 세기를 바탕으로 하는데, 이런 사회상 속에서 작은 집단은 어떻게 역사를 견디어왔는지 궁금했다. 보이지 않은 채로 한국의 숨 가쁜 근대를 한 집단이 어떻게 살아왔는지에 대한 궁금증과 호기심에서 필자는 시각장애인의 역사를 두드렸다.

한국 시각장애인의 역사는 오랜 연원과 끈질긴 생명력을 가지고 있다. 사회의 변화에 대해 놀라울 정도의 적응력을 발휘하며 각 사회 변화 속에서 고유의 생활 영역을 유지했다. 필요한 경우 사회에 적극적으로 저항하기도 했으며, 시각장애인들 내의 연대를 통해 여러 변화의 위기를 견디어냈다.

역사적으로 시각장애인들은 고려시대 이래 점복업 직역에 종사했고, 고유한 집합적 정체성과 문화 그리고 사회적 집단을 형성했으며 국가제사에 참여했다. 시각장애인의 구술문화를 통해 직역 집단의 역사는 전승되어왔으며, 시각장애인의 일을 국가가 보호해야 한다는 권리 의식을 기반으로 자신들의 권리를 지켜갔다.

일제에 의해 시각장애인들이 '안마'라는 근대적 의료 교육을 받기 시작하면서, 이런 관습적 권리의식은 안마 사업으로 이어지게 되었다. 관습법적 법의식은 현재 시각장애인 안마 사업을 유지하는 핵심적인 사회적 근거 중의 하나이다. 이후 식민자인 일본을 통한 근대적 특수 교육, 사회사업, 법제도의 이식과 시각장애인의 전통적인 삶의 방식과 사회 조직은 지속적으로 충돌하게 된다. 전통 사회에서는 비교적 독자적이고 고유한 문화를 통해 생활하던 맹인들은 서구 선교사와 일제에 의해 하루아침에 보호받아야 하고, 불쌍(자선과 자혜)하고, 어두움에 갇힌 무능한 사회적 주체(준금치산자)로 강등되고, 식민 권력의 '문명화 사명'을 통해 '계몽의 빛'의 시혜적 대상, 즉 일종의 들러리가 된 것이다.

현재 시각장애인 안마사들이 누리는 지위와 사회적 인정은 법과 관습, 전통적 사회 조직과 근대적 제도를 둘러싼 시각장애인들의 다층적인 투쟁과 교섭을 통해서 비로소 가능했다. 시각장애인 안마 사업의 유보조항은 흔히 소수자 집단의 차별을 철폐하기 위한 적극적 우대 조치(affirmative action)의 일환으로 이해되는데, 한국의 안마업권의 유지는 시각장애인의 오랜 저항과 연대로 가능했다. 한 시각장애인 점복업자는 사회 변화에 대한 시각장애인의 적응력에 대해 점복인들은 기본적으로 주역(周易)을 배우기 때문에 변화를 일종의 우주의 원리로 생각한다고 말하기도 했다. 작은 집단은 전체적인 구조적 변화를 야기하기 어렵기 때문에, 사회의 변화를 이해하고 이에 적응하는 것이 순리라고 생각했고, 이런 세계관에 입각해 사회 변화에 적극적으로 대응했다.

시각장애인의 역사는 한 작은 집단의 역사이다. 그렇다면 이런 특정 장애의 역사는 전체 역사와 사회적 맥락 속에서 어떤 의미를 갖고 있을까? 대체로 세 가지 측면에서 생각해볼 수 있다. 첫째는 기존의 주류적 역사를 낯설게 하는 역사이며, 두 번째로는 사회에서 구체적으로 차별과 배제가 어떻게 작동했는지를 알려준다. 세 번째로는 타자의 주체성이 역사 속에서 어떻게 작동했는지를 이해하게 해준다.

'낯설게 하기'의 역사

해외에서는 장애 역사(disability history)에 대한 서술이 활발히 이루어지고 있다. 대표적인 장애 역사학자인 쿠들릭[1]은 장애의 연구가 성(gender), 인종(race)과 같이 또 다른 타자로, 소수자의 역사에 리스트를 하나 덧붙이는 것으로 끝나는 것인지 혹은, 사회에 대한 새로운

---

1 _____ Catherine Kudlick, "Disability History: Why We Need Another 'Other'", *The American Historical Review* 108:3, 2003, pp. 763-793.

13

관점과 시각을 가능하게 하는 입장을 구성할 수 있을지의 문제를 제기했다. 사회가 장애라는 사회적 범주를 어떻게 구성했는가의 문제만이 아니라, 장애를 구성하는 사회 자체에 대한 시각이 가능할 수 있어야 한다고 주장하며 다른 몸을 가진 이들에 대한 사회의 상호작용에 대한 분석을 통해 사회의 구조와 사회를 구성하는 전체에 대해 알수 있게 되는 측면이 존재한다고 주장했다.

소수자에 대한 역사가인 스티커[2]는 장애인의 특성은 이상함(strangeness)으로 인해 정상적인 사회를 상대적으로 바라보게 하는 특징이 있다고 했다. 주변인에 대한 역사는 기존의 주류적 역사 서술을 '낯설게 하기' 위한 거리를 확보하는 것을 가능하게 한다. 한편 폴란드의 역사학자인 게레멕(Geremek)[3]은 역사 속에 두 종류의 주변성(marginality)이 있다고 주장했다. 하나는 사회질서에 도전하는 것이며, 다른 하나는 훨씬 더 심층적으로 문화와 이데올로기의 조직에 대해 의문시하는 것이다. 전자로는 도둑이 있으며, 후자로는 장애인과 이방인이 있다고 한다. 장애인의 역사는 보다 심층적 차원에서 한 사회의 주류적 문화와 이데올로기를 낯설게 하는 역할을 한다. 그래서 장애인의 역사, 작은 이들의 역사는 낯설게 하기의 장치이다.

장애인의 경우에는 근대 사회의 능력 중심주의적인 이데올로기와

---

2 _____ Henri-Jacques Stiker, trans. by William Sayers, *A History of Disability*, Univ. Of Michigan Press, 2002.
3 _____ 게레멕 브로니슬라프. 『빈곤의 역사: 교수대인가 연민인가』. 이성재 옮김. 길. 2011.

문화를 의문시한다고 볼 수 있다. 사회를 낯설게 바라보는 프리즘으로 장애인의 역사는 의미가 있다고 볼 수 있다. 자본주의 사회에서는 능력과 능력에 기반을 둔 사회적 자원 배분을 당연하게 여기는데, 장애사는 어떤 측면에서 가장 급진적인 방식으로 자본주의적 생활 방식에 대한 낯설게 하기일 수 있고, 기존의 주류 중심적 사회에 대한 다른 관점을 제시한다. 한 예로 시각장애인의 역사는 시각 중심적으로 사회를 이해해왔던 것을 다른 방식으로 이해할 수 있는 관점을 제시하고, 한 사회에서 정상적이라 받아들이는 능력이란 무엇인지에 대해 다르게 생각하게 한다.

배제의 역사

두 번째로는 배제의 역사가 있다. 사회에서 특정 집단에 대한 배제가 어떻게 작동하는지를 이해하기 위해서는 이것이 기존의 사회적 관계 속에서 어떻게 작동하는지를 살펴보아야 한다. 배제는 단순히 법적인 개념이 아니라 사회 질서가 작동하는 방식에 따라 규정된다. 장애의 역사에서 대표적인 유형화로 프랑스의 역사학자 스티커(Sticker)[4]가 말한 '배제'를 살펴보자.

4_____ Henri-Jacques Stiker, trans. by William Sayers, *A History of Disability*, Univ. Of Michigan Press, 2002.

스티커는 죽음에 의한 배제, 버림에 의한 배제, 격리에 의한 배제, 지원(assistance)을 통한 배제, 주변화를 통한 배제, 차별을 통한 배제 등으로 구분했다. 이렇게 배제를 유형화하는 데는 동화(assimilation)·정상화(normalization)의 패러다임이 기반이 되는데 사회가 기존 사회 질서에 얼마나 동화하려고 하는지 혹은 정상화를 하려는지 등에 따라 배제의 전략이 달라진다.

첫째, 죽음, 절멸에 의한 배제의 예로 나치 독일의 수용소 상황을 들 수 있다. 그곳에서 절멸된 장애인의 수는 약 20만 명 정도다. 최근에는 산전 검사와 낙태 등의 우생 수술로 많은 장애 아동들이 절멸되고 있다. 우생학적 사상에 의거해 장애인들은 배제의 대상이 되었고 태어남 자체가 부정되는 것이다.

두 번째로 버림에 의한 배제로 장애아 유기 등을 예로 들 수 있다. 장애인들은 가족이나 사회에 의해 고의적으로 방치되는 경우가 많다.

세 번째로 격리에 의한 배제는 시설화의 문제와 연관된다. 서구에서 장애인의 시설화는 1970년대까지 지속되었다. 장애인에 대한 최초의 격리는 시각·청각장애로부터 시작되어 점차로 정신장애 등으로 확대되어갔고, 의료화와 특수교육의 대상으로 전환되었다. 시설화하고 격리하는 것이 장애에 대한 일반적 해결 방식이었다. 특수학교의 설립 등, 사회적 과정에서 격리되어가는 것이 대표적이다. 최근의 탈시설 운동은 이런 격리의 역사를 다시 쓰는 과정이라 볼 수 있다.

네 번째로는 지원과 조건부 포섭을 통한 배제가 있다. 서부 유럽과 중세에는 빈자를 돌보는 것이 예수의 고통을 환기시키는 행위였고, 자선은 기독교인들이 속죄를 하기 위한 것이었다. 이런 식으로 하위 지위를 가진 이들(장애인, 가난한 이들)이 사회적으로 필요했는데, 이들을 통해 죄를 속죄하고, 영원한 구원을 얻을 수 있었다. 이런 상황에서 프랑스 혁명기까지 교회는 장애인들을 지원하는 주요한 기관이었고, 지원은 일종의 경제적 배제였다. 이들을 사회에서 쓸모없는 사람이라 규정함으로써 종속과 의존의 관계로 자리매김했던 것이다. 노동에서 배제되는 것은 사회에서 배제되는 여러 관계 중 가장 궁극적인 것이다.

다섯 번째로는 주변화와 정상화를 통한 포섭이란 배제가 있다. 주변화는 공동체의 가치에 저항하거나 이를 위반하는 것을 '주변'으로 설정하는 것이다. 주변성은 기존 사회의 주류적 가치와 규준으로는 수용될 수 없는 가치를 포함하고 있으므로, 어느 정도의 포섭을 가능하게 하기 위해서는 일정 정도의 순응성(conformity)을 가져야 한다. 흔히 논의되는 장애인의 재활은 이런 범주에 속하며, 재활의 가장 큰 목표는 규범으로부터의 일탈을 막는 것이다.

마지막으로 차별을 통한 배제가 있는데, 이는 점진적인 포섭이다. 차별은 특정한 사회 집단을 꼽아서 그들의 권리를 제한한다. 평등한 개인을 불공평하게 대우하는 것으로, 이런 개념의 탄생은 근대 사회의 탄생과 관련이 있다. 지위, 카스트의 차이 등 사회적 위계질서를 당연시하는 사회에서는 차별이 문제시되지 않는다. 오히려 시민권의 발전, 시민들의 평등한 권리 향유란 관념이 발생한 후에야 부정적인 차별로부터 보호할 법적 체계들이 만들어졌다.

사회적 배제와 차별이 작동하는 다양한 방식에 대한 세밀한 이해로부터 시작해야 우리는 보다 평등하고 포용적인 사회적 관계를 형성할 수 있을 것이다. 한국 사회에서도 현재 수평적 관계와 더 많은 사회적 주체의 포용이 중요한 과제이다. 배제란 기본적으로 한 사회의 정상적인 규범이 강력하게 작동할 때 그것에서 벗어난 이들에 대해 작동하는 것이다. 21세기 사회에서는 소수자의 다양성에 대한 이해로부터 출발해 사회적 배제의 가능성을 최소화해야 하는데, 이를 위해서는 소수자의 다양한 역사적 경로와 경험을 이해하는 것이 필수적이다.

타자의 역사

사회적인 타자의 역사를 어떻게 구성할 수 있는가는 지속적인 역사학과 사회과학의 문제의식 중 하나이다. 『치즈와 구더기』 같은 미시사에서는 당시 로마 가톨릭과는 구별되는 농민의 고유한 세계상을 드러내고자 했다. 일찍이 톰슨은 『영국 노동계층의 형성』에서 농민의 도덕경제에 대한 논의를 통해 농민들의 자율적이고 독자적인 세계를 구상했고 이것은 저항의 기초가 될 수 있다고 했다. 그람시 역시 일찍이 서벌턴의 개념화를 통해 농민의 이질적 계급성을 드러내고자 했다. 마찬가지로 하층민의 사회운동에서는 그들의 취약함(vulnerability), 배제된 관계성으로 인해서 집단적 행위 자체의 동원 가능한 자원이 부족하기 때문에 다른 전략5을 취할 수밖에 없다. 하층민들의 정치는 성격상 파편화된 프레임의 한계가 있다. 이런 문제의식은 서구와는 다른 인도의 고유한 사회를 고민한 탈식민주의의 서벌턴 논쟁에도 이어진다.

탈식민주의의 대표적인 논자인 호미 바바는 자동사적 저항 (intransient resistance)의 개념을 주창한 바 있다. 이는 지배 권력과는 다른 이질적인 서벌턴들의 존재가 그 자체로 인해 기존의 권력과 균열을 낼 수밖에 없는데 호미 바바는 바로 이 지점을 지적6한 것이다. 서벌턴 연구에서 보다 적극적으로 타자의 역사를 구성하기 위한 논의 중 하나가 서벌턴의 권리(subaltern legality)에 대한 논의들이다. 이는 서벌턴을 제도에 의해 포섭되지 않는 잔여적인 영역으로 인식하는 것이 아니라, 국가와 사회 속에서 하위 주체들이 어떻게 행위하고 있는지를 살펴보기 위한 시도이다. 탈식민주의 연구자인 차터지 역시 정치사회(political society)란 개념을 통해 하위 주체들의 권리 획득 방식7에 대해 분석한 바 있다.

또한 이런 논의는 한편 독일 일상사의 '아집' 개념과 연결해 생각

5_____ 카를로 긴즈부르그, 『치즈와 구더기: 16세기 한 방앗간 주인의 우주관』, 김정하 외 옮김, 문학과 지성사:서울, 2001. 에드워드 파머 톰슨, 『영국노동계급의 형성』 나종일 외 옮김, 상/하, 창비:서울, 2000. 안토니오 그람시, 「옥중수고2」, 이상훈 옮김, 거름출판, 1991. p.70.

6_____ Bhabha, Homi K, *The location of culture*, London: Routledge. 1994.

7_____ Chatterjee. *The Politics of the Governed: Reflections on Popular Politics in Most of the World.* Columbia University Press, 2006.

해볼 수 있다. 뤼트케의 일상사를 설명한 이유재에 의하면 "아집은 해방도 아니고 저항도 아니며, 어떤 집단행위로서 계급, 민족, 종교, 성별 등 그 어디에도 귀결될 수 없는 개념이다. 뤼트케는 헤겔의 아집 개념에서 '순수하게 자기 자신을 위해 있다.'라는 표현을 매우 중요시하면서 '다층적이고 직접적이고 매개 불가능한 개별 행위자의 실천'을 아집이라고 정의했다. 아집에 따른 행동은 논리정연하지 않고 모순적인 면도 있으면서 가볍고 쉽게 부서질 수 있는 실천들이다. 동기가 뚜렷하지도 않고 결과를 의도하지도 않기 때문에 합목적적 행위나 이해관계나 인과관계가 뚜렷한 행동과는 거리가 멀고, 직선적이고 단선적 발전을 찾기 어렵다. 도리어 구불구불한 나선형의 형태를 띤다. 그렇기 때문에 아집에 따른 행위에서는 가해, 참여, 동의, 회피, 물러나기, 돌파하기, 연대, 거리두기, 저항, 복종 등의 행위 가능성이 동시에 나타나기도 한다. 지배에 저항하는 사람도 항상 저항하는 것이 아니고, 권력에 동참하는 사람도 항상 똑같이 동참하는 것이 아니다."[8] 시각장애인의 역사를 살피다 보면 어떤 근대적 합리성으로는 이해될 수 없는 도도한 아집이 작용하고 있음을 알 수 있다.

그리고 이런 타자의 역사들은 타자들이 구성하는 세계를 경험하는 다른 방식의 가능성[9]을 보여주기도 한다. 푸코의 영향을 받은 많은 연구들이 신체의 정상성이 근대 사회의 형성과 더불어 구성되었다는 것을 입증[10]했다. 한 예로 정상이란 관점은 근대 사회에서 통계

8 _____ 이유재, 「독일 일상사연구와 뤼트케의 삶」, 2020, 미간행원고.

20

의 확립을 통해 표준이란 관념, 평균이란 관념이 발생하면서 정상이 강조된다는 것이다. 그래서 한 사회가 구성한 정상성이란 것은 사회의 변화에 따라 언제든지 변화할 수 있다. 본격적으로 타자의 경험 세계를 분석하는 연구들도 있다. 엘레나 그로스와 같은 역사인류학자는 다른 몸을 가진 사람들의 다른 소통 방식에 대해 소개한다. 마서즈 비니어드섬에서는 섬 인구의 절반가량이 청각장애를 갖고 있었는데 모든 사람들이 수화를 할 줄 알았기에 청각장애가 별다른 문제가 아니었다는 것이다. 한 사회의 정상적 규범이 어떻게 구성되는가에 따라 장애는 불편이 되기도 하고 또한 사회에서 포용되기도 한다는 것을 보여주고 있다.

시각장애인의 역사를 따라가다 보면 이런 모순적이고 구불구불하며, 다채로운 근대로의 길들을 만나게 된다. 그것은 때로는 저항이기도 했으며 때로는 복종이기도 했고 또한 다름의 가능성을 보여주는 것이기도 했다. 사회에서 배제되고 혹은 잔여적이며, 낙후되었다고 생각되었던 사회의 주변적 집단 역시 자신들의 고유한 주체성과 저항 그리고 연대의 방식을 갖고 있다. 시각장애인의 역사는 이런 타자의 역사를 잘 보여주는 사례이다.

9 ____ 노라 엘렌 그로스, 『마서즈 비니어드섬 사람들은 수화로 말한다: 장애수용의 사회학』, 박승희 옮김, 한길사, 2003.
10 ____ Davis, L.J. *Enforcing Normalcy: Disability, Deafness and the Body*, Verso, 1995.

한국의 장애 역사

한국의 장애 역사도 다양한 방식으로 진행되어 왔다. 시각장애인계의 내부의 활발한 역사 서술과 전승 문화가 있었지만, 또한 문헌 등을 통해 장애인들의 역사가 재발견되었다. 『세상에 버릴 사람은 없다』 등을 통해 전통 사회의 역사 서술에 대한 논의가 시작되었으며, 특수교육 등에서는 분야의 역사로 장애인의 역사를 기술한 바 있다. 전통 사회에서의 장애인의 삶이 더 낙후된 것이 아니라 다른 삶의 공간 속에 있었다는 것이 문헌을 통해 밝혀졌다. 정창권은 다양한 장애인 인물에 대한 조명을 통해 장애인의 역사를 서술하고 있다. 그리고 최근에는 장애를 일종의 사회적 범주로 생각하고, 근대 사회의 구성물로 분석하는 논의들이 증가하고 있다. 소현숙은 불구, 병신 등 장애의 개념에 대해 서술하고 이후 근대적 교육 체계 내에서 장애인에 대한 배제의 역사를 서술하고 있다. 또한 장애인과 연관하여 사회사업, 사회복지 시설 등에 대한 연구 관심도 증가하고 있으며, 또한 장애인의 사회운동에 대한 연구도 증가하고 있다. 이렇게 장애/장애인, 그리고 장애와 연관된 역사 서술이 증가하는 것은 다양한 주체에 대한 사회의 관심이 증가하고, 그동안 보이지 않았던 역사를 통해 기존의 역사를 달리 보고 싶어 하기 때문일 것[11]이다.

장애/장애인의 개념

또한 장애와 장애인이라는 사회적 범주에 대해서도 검토할 필요가 있다. 장애/장애인의 개념과 지위는 역사에서 계속 변화해왔다. 서양의 기독교적 전통에서, 장애인들 중에서도 신의 말씀을 들을 수 있는 자와 아닌 자는 구별되어 '벙어리'에 비해, 맹인은 비교적 나은 사회적 지위[12]를 가질 수 있었다. 또한 기독교 복음에 주로 등장하는 '나병' '맹인' '벙어리' '절름발이' 등은 장애인에 대한 사회적 은유와 상상의 기반이 되었다. 반면, 동양에서는 기독교 전통, 특히 신의 축복과 죄·벌이란 관념이 존재하지 않았기에 서양과는 다른 상황이다. 불교에서는 장애를 일종의 업으로 설명하기도 하고, 유교에서는 『논어』에 맹인 악사 등에 대한 서술이 등장하기도 한다. 하지만 근대 사회 이전에 장애인들은 특정한 사회적 범주로 사회 정책의 대상으로 그다지 가시화되어 있지 않았다. 개별적인 장애 유형들에 대한 논의가 존재했을 뿐이다.

　서양의 경우에도 다양한 용어가 사용되고 있는데, 영국에서는 장

---

11 ＿＿ 정창권, 『세상에 버릴 사람은 아무도 없다: 역사 속 장애인 이야기』, 문학동네, 2003. 정창권, 『근대 장애인사: 장애인 소외와 배제의 기원을 찾아서』, 사우, 2019. 소현숙, 「식민지 조선에서 '불구자' 개념의 형성과 그 성격」, 한국학논총, 2017, pp.289-320.

12 ＿＿ Henri-Jacques Stiker, trans. by William Sayers, *A History of Disability*, Univ. Of Michigan Press, 2002.

애가 있는 사람들(disabled people), 프랑스에서는 '핸디캡(les handicapes)'
이란 용어를 사용하고 있다고 한다. 장애가 있는 사람이란 용어는
공동체, 집합 정체성, 사회적 상황에서 경험되는 억압에 대한 논의
를 강조하기 위한 용어이다. 프랑스에서 사용하는 표현인 '핸디캡(les
handicapes)'은 환경에서 발생하는 건강, 사고로 인해 경험하게 되는 사
회적 제한을 의미한다. 그리고 더 나아가 프랑스에서는 공동체나 국
가가 이런 사람들에 대해 지원하는 것을 중시하고 있다. 장애를 사회
적으로 범주화하는 언어는 분명히 한 사회의 역사, 민족, 문화, 이데올
로기와 관련[13]되어 있다.

근대 이후 동아시아에는 기독교의 전파가 시작되고 선교사들이
사회사업을 펼치기 시작했다. 이런 과정에서 불구, 병신에 대한 집합
적 상상력이 증가하고, 장애는 집합적인 사회적 범주로 인식되기 시
작했다. 개별적으로만 다루어졌던 이들이 장애(한국), 장해(일본), 잔질
인(중국)이라는 집합적 범주로 인식되기 시작한 것은 근대 국민국가의
형성과 관련이 있다. 식민지 시기에는 주로 '불구' '병신'이란 용어가
일반적으로 통용되다 해방 이후 '장애'란 말이 등장해 법적 용어로
자리를 잡아갔다. 처음 장애인 관련 복지법이 형성될 때는 '장애자 복
지법'이었지만, 자(者)가 '놈 자'로서 비하어로 들린다는 의견이 있어
서 '장애인'으로 용어가 변경되었다. 반면 일본에서는 현재도 '장해자
(障害者)'라는 용어를 사용하는데, 일본에서는 조선인 등 인(人)을 쓰

---

13 ___ Albrecht et all, *Handbook of Disability Studies*, Sage Publication.2001.

는 것이 오히려 비하적이라 생각한다. 장애를 지칭하는 특정 용어를 차별적으로 보는 것은 한 사회의 관념, 인권 감수성에 따라 달라지는 것이지 절대적인 기준이 있는 것으로는 보이지 않는다.

'맹인'의 경우에는 전통 시대에는 판수, 소경 등 다양한 용어로 불렸고, 장애인이 범주로 인식되면서 맹자 혹은 맹인이라 불리게 되었다. 이런 용어 사용은 1970년대까지 지속되었고, 장애인에 대한 인권적 규범이 제도화되어가는 1980년대부터 시각장애자라는 용어가 정착되어갔다. 이후에는 시각장애자에서 시각장애인으로 전환되어간다.

이 책에서는 시혜주의적 구조와 비정상인 접근이 지배적인 1960년대까지는 맹인이라는 용어를 혼용해서 사용한다. 맹인이라는 용어는 현재 시각장애인계에서도 쓰이는 용어로, 역사적 서술을 위해 당시 사용되던 용어를 시각장애인이란 용어와 같이 사용했다. 특정 언어가 차별적으로 인식되기 시작하는 것은 사회의 변화에 따라서인데, 서구 개념의 번역이나 가능한 중립적으로 신체 상태를 보여주는 용어로 변화하면서 언어에서의 차별을 벗어나려 하고 있다.

시각장애인의 역사 기록과 구술 자료

소수자에 대해 역사적으로 연구할 때 가장 어려움을 겪는 것은 자료의 부족이다. 보통 소수자들에 대한 공식 기록과 비공식 기록 모두 부족하다. 기록은 보통 권력을 가진 이들 중심으로 이루어져 있기 때문에, 사회적으로 힘이 약한 집단들은 기록에서 그들의 역사를 찾아보기 힘들다. 하지만 예외적인 경우도 있는데, 소수자 집단이 특히 사회에서의 격리나 통제의 대상이기 때문에 기록이 많이 남아 있는 경우들이 있다. 한센병력자 등 전염병으로 인해 강력한 사회적 통제의 대상이 되는 경우에는 관련한 제도들에 대한 기록이 남아 있다. 또한, 통제는 아니더라도 국가와 사회의 제도화 과정에 일찍이 편입된 집단일수록 기록이 남아 있을 가능성이 높다. 시각장애인의 경우가 대표적이라고 볼 수 있다. 시각장애인에 대한 기록은 『조선왕조실록』 및 『오주연문장전선고』 등 조선시대의 문헌에서도 쉽게 찾아볼 수 있다. 또한 개화기 이후에도 맹아원이 근대적인 제도로 소개되면서 유길준의 『서유견문』 등에 소개되기도 했다. 근대기에 들어서면 선교사들이 남긴 저술, 총독부에 의한 공식 문서, 단체들에 의한 기록, 신문매체 등이 남아 있다.

선교사들의 선교 사업이 본격화되면서, 시각장애인을 대상으로 한 선교 사업도 활발해졌고 이런 사업에 대한 논의들이 선교 사업과 관련된 잡지 등에 소개되었다. 또한 식민지기에는 조선총독부가 맹학교인 제생원을 운영하면서, 『제생원연보』 『맹아자통계』 등이 발행되었다. 또한 사회사업 관련 잡지 등에 제생원 관련 기사들이 소개되었다. 해방 이후에는 맹학교 발행 자료와 관련 정부 측의 보고서들이 있다.

이렇게 문서로 기록된 역사 외에도 시각장애인의 구술 기록을 충분히 활용했다. 시각장애인계 내부에서는 시각장애인의 역사에 대한 인식이 상당한데, 구술문화를 바탕으로 역사를 서술한 경우가 몇 차례 있었다. 대표적인 것이 김천년의 『맹인실록』(미간행원고), 임안수의 『맹인직업사연구』 『한국시각장애인의 역사』, 김기창의 『시각장애인실록』(2009) 등이고, 이외에도 비공식적인 저술 등이 종종 남아 있다. 어찌 보면 한국의 소수자 집단 중 역사적 구술 자료가 가장 많은 집단이라고도 볼 수 있을 것이다.

대표적인 자료인 『맹인실록』은 일제 강점기의 제생원 교사를 역임한 김천년이 남긴 것이다. 시각장애인들의 잡지에 연재되었던 것을 텍스트 파일로 전환해 디지털 기록물로 공유하고 있다. 한편 현재 컴퓨터 기술의 발달 덕분에 텍스트 파일을 음성으로 전환시켜주는 기술이 발전하면서 이전의 활자 문화의 대체 수단이었던 점자 대신 디지털 음성 파일이 활성화되고 오히려 구술문화적인 활동이 증가하고 있다. 『맹인실록』은 국내편, 국외편으로 이루어져 있으며 국내의 유명시각장애인, 국외의 유명시각장애인, 교육, 사회, 직업 등 전 영역에 대한 기록을 남기고 있는 방대한 자료이다. 이런 구술 역사는 『조선왕조실록』 등의 공식 기록에도 남아 있다. 또한 개화기 선교사들에 의한 기록에도 시각장애인의 다양한 구술문화가 일부 기록되었다.

필자는 국사편찬위원회의 구술사 자료 조사 지원 사업을 통해 2년에 걸쳐서 구술 조사를 실시했으며, 시각장애인의 역사에 대한 역동적인 자료를 수집할 수 있었다. 1차년도, 2차년도에서 교육과 직업 경험을 중심으로 구술을 실시했다. 구술 조사를 통해서, 문헌 중심의 역사에서는 알 수 없는 사실들을 파악할 수 있었다.

우선 시각장애인에 대하여 민법 내에서 금치산자 조항이 존재함을 구술 역사를 통해 파악하고 그것이 실제 시각장애인의 역사에 어떤 영향을 주었는지를 알 수 있었다. 또한 안마종사 시각장애인과 점복 시각장애인들이 각각 다른 종교적 지향과 교육 배경으로 인해 다소 불편한 관계에 있었다는 사실도 구술 증언을 통해 파악할 수 있었다.

시각장애인들은 자체적으로 녹음기가 대중화된 1980년대 이후부터 시각장애인계의 원로들의 육성을 녹음하고 이를 녹취하기도 했다. 이후 컴퓨터가 확산되면서, 이런 녹취록들을 텍스트 파일로 시각장애인 커뮤니티에서 공유하고 있다. 문헌 중심의 제도사로는 파악할 수 없는 복잡한 사회적 관계의 양상이 구술 조사를 통해 생생히 포착될 수 있었다. 한편 구술 조사를 통해 시각장애인들의 주류적인 직종인 점복업, 안마업뿐만 아니라 구걸 맹인에 대한 조사도 실시했다. 구걸 맹인들도 역시 나름의 조직 체계를 갖추고 운영되어왔음을 파악할 수 있었는데, 이런 소수자 집단에 대한 구술 자료 수집은 법제도, 사회복지, 사회사업사, 인권의 역사와 관련하여 공식 문헌 중심의 역사가 아닌 생활 세계를 생생하게 드러내는 소중한 자료이다.

책의 구성

이 책은 기존에는 보이지 않았던 시각장애인의 역사를 저항과 연대의 관점에서 기록한다. 기존의 민족운동, 사회운동과는 다른 방식이지만 고유한 생활 세계를 유지하고 관습적 인식을 바탕으로 자신들의 권리를 유지해갈 수 있었다. 이 책은 전통 사회에는 비교적 독자적인 생활 방식을 유지하고 있던 시각장애인이 식민지적 근대의 과정에서 자선, 자혜의 대상, 계몽의 타자로 전환되어가며 무능(disable)한 대상으로 전환되어가는 과정, 시각장애인 점자 개발을 위한 박두성의 노력, 근대화 과정에서 미신이자 전통으로 인식되었던 시각장애인 점복업 조합의 호혜성, 개발독재 상황에서 권리를 위해 싸운 시각장애인의 역사, 그리고 동아시아 사회에서의 시각장애인 역사의 공통점과 차이점을 살펴보고자 한다. 이를 통해 식민화, 탈식민화, 근대화의 과정 속에서 맹인·시각장애인이란 사회적 약자 집단이 어떻게 집단의 정체성을 유지하며 사회의 변화 과정에 적응해왔는지, '보이지 않은 역사'를 살펴보고자 한다. 그리고 역사에서 기록되지 않고, 비가시화되었던 사람들의 역사는 어떻게 기록하고 발굴할 수 있는지 방법론과 구술 자료의 특성에 대해서도 살펴본다.

소수자의 역사는 한편에서는 차별·배제의 과정이기도 했지만, 다른 한편에서는 사회의 성원, 시민으로 인정받기 위한 권리 투쟁의 역사이기도 하다. 장애의 역사는 단순히 차별·배제의 역사만이 아니라 역동적이고 주체적으로 사회 변화에 적극적으로 적응해온 역사였다. 근대 사회에서는 능력을 매개로 하여 능력자와 무능력자를 분리했고, 능력의 개념 역시 변화하기 시작했다. 기존에 소수자 역사를 차별/배제의 관점에서만 살펴보던 것을 넘어 저항과 연대의 서사들을 살펴보고자 했다. 이는 식민주의와 탈식민화 과정에서 사회 내 작은 집단인 시각장애인들이 자신들의 정체성을 유지하고, 권리를 유지하기 위한 과정을 세세하게 살피는 작업이기도 하다.

1장에서는 근대 사회에서 장애인이 타자화된 과정을 살펴본다. 시각장애인들은 근대가 시작되면서 문명의 타자, 무능력한 존재, 그리고 자선/자혜 등 시혜의 대상으로 규정되며 배제와 포섭의 과정을 경험했다. 이는 기독교 선교사와 식민주의에 의해 경쟁적으로 이루어진 과정으로, 시각장애인들은 근대적 통치 권력의 '문명화 사명'을 선전할 수 있는 대표적인 영역이었다.

2장에서는 시각장애인들이 전통 사회 이래 전통적인 삶의 방식인 점복업을 하면서 어떻게 연대와 호혜를 행했는지를 살펴본다. 시각장애인들의 점복업 조합은 일종의 길드로, 즉 사회적 경제의 형태로 시각장애인들 내부에서 일종의 자생적 경제 체제를 만들어 교육과 직업, 그리고 연대의 관계를 형성했음을 보여준다.

3장에서는 시각장애인들이 근대 사회 체계에 포섭될 수 있게 하는 점자의 역사를 살펴본다. 제생원의 교사였던 박두성은 시각장애인들이 일본식 점자와 미국식 점자를 익히기 어려워하는 것을 보고, 자신의 제자들과 함께 한글 점자를 만들고 '훈맹정음'이라 칭했다. 이는 식민 통치하에서 조선어를 통해 교육을 받고 지식을 쌓을 수 있게 하여, 시각장애인들이 문자 문화의 세계로 편입될 수 있게 하려는 뜻이었다.

한국 사회의 가장 강력한 전문가 체계 중의 하나는 의료 체계이다. 의사 중심의 의료 체계 내에 다른 의료를 행하는 사람들이 전문성을 획득하기란 쉽지 않다. 그래서 한국에서는 카이로프락틱 등 유사 의료 영역이 법제화되지 않고 있는데 예외 중의 하나가 시각장애인의 안마업이다. 시각장애인들은 의료법에서 유사 의료업자로 인정받고 있는데, 이것은 해방 이후 시각장애인들이 '사람 취급' 받기 위한 지난한 투쟁 속에서 가능했다. 4장은 시각장애인의 안마업권에 대한 저항의 역사를 기록한다.

이런 저항이 가능하기 위해서는 집단의 고유한 문화가 존재해야 했다. 5장은 이 같은 고유한 문화가 일종의 구술문화를 통해 시각장애인들에게 어떻게 전승되었는지 살펴본다. 시각장애인들은 조선시대 이래 나라에서 맹인들을 보호해주었다는 관습적 권리 의식을 바탕으로 저항과 연대를 했다. 이런 관습에 대한 주장은 헌법재판소의 판결에서도 수용되는 등, 시각장애인 권리의 핵심적 기반이었다.

6장에서는 동아시아의 차이를 살펴본다. 안마업은 전통적인 직업이 근대화 과정에서 변화한 것으로 생각되지만, 사실은 일본의 전통이 동아시아에 이식되며 변화한 것이다. 그래서 안마업의 법적 지위는 일본, 대만, 한국 모두 다르게 나타나는데 이것은 각 사회의 사회적 관계의 차이에 따라 다른 경로를 형성했다. 그래서 소수자의 생존권은 사회 맥락과 역사 속에서 이해되어야 함을 보여준다.

이 책은 사회적 약자 집단이 사회 속에서 오랜 기간 동안 자신의 고유한 정체성을 유지하며 살아온 저항과 연대의 역사를 통해, 한국 사회의 근대성을 낯설게 바라보고자 했다. 소수자들은 차별받는 피해자만이 아니라, 스스로 '사람 취급'을 받기 위해 적극적으로 싸워온 역사의 주체들이었다. 또한 시각장애인의 역사는 단순히 근대적 권리, 인권, 시민권 개념이 서구적 계몽사상의 전파로 인해 확산된 것만이 아니라, 한국 사회의 오랜 역사적 전통과 관습, 문화 속에서 소수자 집단의 권리의 형성은 가능했다는 것을 알려준다.

이 책은 한국 사회의 인권과 민주주의의 기원이 서구에서 이식된 것이 아니라, 한국 사회의 역사적 경험 속에서 존재하는 다양한 구불구불한 경험을 통해 가능했다는 탈식민적·탈서구중심적·서벌턴 역사 서술의 한 시도이다.

1898 1912 1926 1966 1973 1980

1장

계몽(啓蒙)과 자선(慈善),
시각장애인의 타자화

1990 2000 2010 2020

암흑 속의 시각장애인

근대가 시작되면서 맹인들은 '암흑 상태에 놓여 있다'고 규정되었다. 그리고 이때부터 선교사들과 근대 사회 사업가들은 이들을 빛으로 인도하겠다고 나서게 된다. 서구 선교사들은 "나는 맹인들을 그들이 모르는 길에서 이끌고 그들이 모르는 행로에서 걷게 하며 그들 앞의 어둠을 빛으로, 험한 곳을 평지로 만들리라."(이사야서, 42:16)는 성경 구절을 즐겨 인용하면서 맹인에 대한 근대적 사회사업에 헌신했다.

개화기와 식민지기에 선교사와 총독부가 실시한 사회사업 혹은 특수교육의 대상이 된 이들은 사회적 약자, 즉 맹인과 농아인 등의 장애인, 한센인, 고아들이었다. 이들은 특수교육을 통해 사회의 구성원으로 포용되기도 했지만, 일종의 특수한 집단으로 규정되어 배제되기도 했다. 배제와 포섭이 동시에, 이중적으로 발생한 것이다.

시각장애인들은 문자를 읽을 수 없는 사람으로서 '문맹'의 대표가 되었다. 근대 이전의 시각장애인들은 구술문화의 전통 가운데 지식을 전승했으며, 교육 및 역사 기록 등도 구술을 통해 전승했다. 따라서 글을 읽거나 쓰지 못했을 뿐 아는 것이 전무한 상태는 아니었다. 게다가 구술문화와 도제식 교육 관계에 속하여 이에 익숙해진 사람들에게는 글을 읽지 못한다는 것이 크게 문제시되지는 않았다. 당시 사회 또한 인쇄 매체가 활성화되어 있지 않은 상황이었기에 글을 읽지 못한다는 것 자체를 심각한 무능력으로 받아들이지 않았다. 하지만 근대 사회로의 변동을 겪으며 시각장애인들은 '정상성'과 '능력'의 체계에서 배제된다. '문맹(文盲)'이란 단어의 상징성 아래 문자 문화를 향유하지 못하는 대표적인 주변부 집단으로 각인된 것이다.

이처럼 시각장애인들의 '볼 수 없음'이 무능력의 상징이 된 것은 단순히 문화적이거나 상징적 영역에서가 아니었다. 실제로 법적으로도 장애인의 무능은 공식화되었다. 일본에 의해 도입된 민법은 사인(私人) 간의 계약 관계에 대해 정하며 능력의 범위를 규정했는데, 이때 시각장애인을 준금치산자로 가늠하여 자유롭게 계약을 행할 수 있는 능력을 인정하지 않았다.

이 현상은 식민 통치하에서 더욱 두드러졌다. 서구 선교사들은 자선(慈善)을 무기로, 총독부는 자혜(慈惠)를 기치로 경쟁적 관계에서 자신들의 '문명화 사명'을 보다 적극적으로 선전하고자 애썼다. 선교사들은 자선의 일환으로 시각장애인들을 포섭하고, 총독부는 천황의 자혜를 드러내는 수단으로 시각장애인들을 포섭했다. 총독부와 선교사 모두에게 시각장애인은 자신들의 '문명화 사명(civilizing mission)'을 직접적으로 드러내고 달성할 수 있는 좋은 대상이었다.

문명의 타자

식민지 조선의 시각장애인은 한편으로는 문명의 타자로, 한편으로는 계몽의 대상으로 자리매김하며 직업 세계와 생활 세계에서 현격한 변화를 경험하게 되었다.

조선시대에 시각장애인들은 악사(樂士)와 점복(占卜)업에 종사하면서 나름의 직업 조합과 집단을 이루고 있었다. 특히 점복업자들의 직업 조합은 조선을 여행한 서양인들이 '길드(guild)'라고 표현했을 만큼 성격이 독특했는데, 이는 여러 여행기에 걸쳐 점복업자들의 직업 조합이 사회 조직으로서의 경제적인 특성은 물론 정체성과 문화 등을 유지하고 있었다고 기술된 것으로 알 수 있다. 즉 맹인들이 자신들의 독자적인 경제 영역을 유지하며 활동하고 있었다는 뜻이다.

일례로 조선을 여행한 영국의 여성 여행자인 이사벨라 버드 비숍 (Isabella Bird Bishop, 1831~1904)이 "자식을 맹인으로 둔 부모는 운이 좋다."[14]라고 말했을 정도로 맹인 점복업자들은 어느 정도 경제력을 유지하고 있었다. 여기서 '운이 좋다(fortunate)'라는 표현에는 부유하다

○ 이사벨라 버드 비숍이 지은 『조선과 그 이웃 나라
들』 일부

는 의미와 점복업자(fortune-teller)라는 양가적 의미가 있었다.

하지만, 전통 사회에서 어느 정도 생계를 유지하며 살아가던 맹인
들은 여러 각도에서 근대의 타자로 설정되었다. 그들에게는 계몽(啓蒙,
enlightenment)이란 단어의 뜻처럼 '어둠에 빛을 가져다주는 것'이 원칙
상 불가능하다고 간주되었기 때문이다. 그래서 기독교 선교사에 의해
서나 일본 제국주의자에 의해서나 암흑 속에 살고 있는 맹인들은 타
자로 인식되었고, 빛(식민화/근대화)의 힘에 의해 계몽되어야 할 대상
으로 인식되었다. 맹인들의 실제 생활상과 사회·경제적 지위는 고려
되지 않은 채로, 맹인은 '근대의 타자, 계몽의 대상'처럼 은유적으로
존재가 규정되면서 이들에 대한 사회사업 및 특수교육이 이루어졌고,
이 과정에서 맹인의 생활 세계와 경제도 급격히 변화하기 시작한다.

14 _____ 이사벨라 버드 비숍, 『조선과 그 이웃 나라들』, 신복룡 옮김, 집문당, 2000.

○ 맹인 황씨가 점자로 책을 읽는 사진
(Korea for Christ, 1910)

결국 그들은 실제 몸담았던 생활 세계와 제도의 괴리로 인해 해방 이후 한국 사회와 경제에 뿌리를 내리지 못한 채 부유하게 된다. 근대적 개념으로 인한 타자화가 다양한 어려움을 발생시킨 주요 원인이 된 것이다.

점복업자 집단은 적극적으로 자신들의 직업 집단을 근대 사회에 적응시키기 위해 노력했지만, 노력과 별개로 그들은 지속적으로 근대의 타자로 호명된다. 기독교 계열의 선교사와 총독부 모두 점복 맹인을 타자화하고 미신으로 호명하며 탄압하는 데 가세했기 때문이다.

먼저 선교사와 총독부의 판수 관련 대응 방식을 구체적으로 살펴보자. 선교사들은 점복업에 종사하는 맹인들을 악령에 물든 것으로 보았다. 그래서 거짓을 행하는 이들을 구제해야 한다고 입을 모았다. 일례로 '황씨'의 경우를 보자.

대구 지역에 어린 시절 천연두에 걸려서 시력을 잃고 맹인 판수에

게 가서 점복업을 배워 점쟁이가 된 맹인 황씨가 있었다. 그가 기독교
로 개종한 내용[15]은 한국의 대표적인 기독교 개종 사례를 모아놓은 책
에 기록되어 있다. 황씨는 점쟁이로 일하며 사람들에게 잃어버린 물건
을 찾는 법이나 여행을 잘할 수 있는 방법 등을 알려주었다고 한다.
뿐만 아니라 새 집을 지을 때 어떻게 해야 귀신을 쫓을 수 있는지도
알려주었다. 저자는 이런 일련의 행위들을 일종의 사기라 지적하면서
황씨가 기독교인이 된 후 이 모든 것을 그만두게 되었다고 말한다.

황씨는 성경을 읽고 싶은 마음에 혼자서 문자를 만들기도 하다
가, 평양에서 선교사들이 맹인에게 글 읽는 방법을 가르쳐준다는 말
을 듣고 대구에서 평양까지 찾아갔다고 한다. 그러고는 그곳에서 한
달 동안 점자 읽는 법을 배운 후 성경을 읽기 시작했다. 그는 신약성
서를 암송하는 것을 목표로 삼았는데, 황씨가 점자로 성경을 읽는 사
진이 그 책에 수록되어 있다. 이 사진은 선교사들의 빛나는 업적[16]을

---

15 _____ Davis, George, "Whang The Blind Sorcerer, The Story of a Remarkable Pilgrimage", Korea for Christ: The Story of the Great Crusade to win one million souls from Heathenism to Christianity, Christain Workers' Depot, 1910.
16 _____ 맹인 황씨의 기독교 개종에 대해서 다른 방식으로 해석할 수도 있다. 손진태에 의하면 맹인 판수들은 원래 고려시대 불교의 영향권 아래 맹승(盲僧)으로 자처하며 살았지만, 조선시대 이후에 불교가 쇠락하고 유교의 시대가 되자 "佛經은 通讀하면서라도 表面上은 儒系로 處世하였던 모양이다. 그들은 그때부터 아마 상투를 쫓고 玄冠을 着用하였을 것이다. 洋風을 尊重하게 된 今日에는 벌써 그들 中에 斷髮에 洋靴 洋帽한 者를 許多히 볼 수 있다." 그렇다면, 기독교로 개종하는 것역시 일종의 양풍 습득을 위한 새로운 처세는 아니었을지 의심해볼 여지가 있다.
-손진태, 「盲覡考」, 『손진태선생전집』, 1981.

거론할 때 자주 인용되곤 했다.

도덕적인 방식으로 판수의 활동을 억제한 선교사와 달리, 조선총 독부의 경우에는 경찰력을 동원해 판수를 취체(取締)했다. 총독부의 정책은 시기별로 차이를 보이는데 1910년대에는 강력하게 미신 타파 정책을 실행했다. 위생 관련 취체에서는 비과학적인 치병(治病) 행위 를 근절하기 위해 판수의 점복업과 독경 등을 금지했다.

이런 정책은 대한제국 시기에도 마찬가지로 실행되었는데, 경무청 에서는 1897년 5월 무당·판수의 미신 행위를 본격적으로 금지하고 이런 행위가 발각될 때에는 중죄에 처한다는 법령을 반포[17]하기도 했 다. 또한 판수가 혹세무민하며 민간에서 재물을 빼앗는 폐단 등이 정 부의 문명개화 정책에 역행하는 것이라는 논의도 전개[18]되었다. 비단 식민 권력만이 아니라 소위 '문명개화'의 관점에서 볼 때에도 판수는 척결해야 할 대상이었던 셈이다.

하지만 1920년대 들어 사이토 총독 시기부터는 다소 완화된 정 책[19]을 취한 듯 보인다. 1925년에는 '조선역리대성교'라는 명칭으로 맹

---

17 ____ 『독립신문』, 잡보, 1897년 5월 27일자.

18 ____ 『독립신문』, 잡보, 1897년 5월 21일자.

19 ____ 무당과 판수, 취체법 문제. 그대로 내버려두면 미신만 늘어, 사회 각 방면 에 해독을 끼친다. 장님을 불러 경을 읽고 무당박수를 불러 굿을 하는 것을 재래로 전해 내려오는 미신으로 사이토[齋騰] 총독의 문화정치가 이것을 금지하지 않기 때문에 이 풍습이 일반 여항에 더욱 깊이 뿌리를 박아 醫藥治療에까지 영향이 미 치는 모양이며 조선 사회가 침체해 감에 따라 권태를 느끼는 민중은 장래에도 더 욱 만연될 염려가 있다 하여 각도 참여관은 그 취체의 해이와 방만이 크게 불가하

인들이 조합을 결성[20]했다. 하지만 1920년대 말부터 독경 맹인에 의한 유사 의료 행위로 인해 치병을 위한 독경 과정에서 사망자가 발생하는 등의 피해 사례가 드러나면서 점복업은 사회 문제로 부각되었고 맹인 점복업과 독경에 대한 취체[21]가 다시 시작되었다.

조선 사회 내부에서도 기독교와 사회주의 계열, 우파 민족주의, 일반 청년 등 사이에서 광범위하게 미신 타파에 대한 공감대[22]가 형성되고 있었다. 맹아학교의 교사인 다나카 도지로[田中藤次郎]는 "맹인 중에 유복한 자는 무위도식하고, 빈곤한 자는 대부분 점복업에 종사한다. 하지만 이런 직업이 점차 부적당해져가고 있다. ……문화가 향상하고, 교육 시설이 정비된 오늘, 자제의 교육, 정상적인 직업의 개척 등으로 본인을 위해서도 국민으로도 고려되어야만 한다."[23]라고 주장했다.

다는 의견을 屢次 불가하다는 의견을 보고하였음으로 총독부 경무국에서도 이 문제를 신중히 고찰하여 적당한 취체 방침을 세우고자 하나 한편에서는 이런 것을 법령으로 취체함이 불가하다는 자도 없지 않음으로 장래가 어찌될는지 흥미 있는 문제이더라.
-『동아일보』, 1929.10.3
20 ＿＿ 김천년, 『맹인실록』, 미간행원고.
21 ＿＿ 「무녀맹인대타격 미신사상복멸책, 허가없이 기도못하기로, 개성경찰의 결단」, 『조선중앙일보』, 1932-12-20., 「무당과 판수 取締法問題, 그대로 내버려두면 미신만 늘어, 사회 각 방면에 해독을 끼친다고, 實現與否는 疑問」, 『동아일보』 1929-10-03., 「무당 판수 等 團束을 內命, 피해가 점차 늘어간다고 微溫的으로 制裁」, 『동아일보』, 1932.11.4.
22 ＿＿ 이필영, 「일제하 민간신앙의 지속과 변화: 무속을 중심으로」, 『일제의 식민지배와 일상생활』, 2004, p.355.
23 ＿＿ 田中藤次郎, 「盲人と卜禱」, 『朝鮮社會事業』, 1942, 20권, 7호.

한편 시각장애인 계에서는 판수업이 쇠퇴하게 된 원인에 대해 기독교의 전래, 학교의 설립, 신문 등 매체 발달, 의학의 발달, 교통의 발달을 꼽는다. 서구의 과학적이고 합리적인 사고방식이 전파되면서 과거에는 '불가사의(不可思議)' 하게 여겨지던 일들을 분석적으로 바라볼 수 있게 되고, 도로와 철도의 발달로 과거에 길을 떠날 때 각종 악령들이 해치지 않을까 하던 두려움이 사라지게[24] 되었기 때문이라고 분석했다. 즉 사회의 구조적인 변화로 세계와 관계 맺는 방식이 달라지면서 과거엔 일종의 해석자 역할을 하던 판수의 설 자리가 점차 줄어들게 된 것이다. 이처럼 날이 갈수록 판수의 점복업과 독경업 등을 일종의 비과학과 미신으로 바라보는 시각이 점차 자리를 잡게 되었다.

24＿＿＿ 임안수,『한국 맹인 직업사 연구』, 단국대학교 대학원 박사학위 논문, 1986.

무능력과 준금치산자

시각장애인에 대한 근대적인 방식의 배제는 '능력'에 대한 새로운 개념 규정으로부터 시작되었다. 공식적으로 법적인 체계에서의 배제가 작동했는데, '능력'은 법체계 내에서 법적 행위를 수행할 수 있는 것으로, 특히 계약과 소유권, 그리고 국가가 발행하는 각종 자격 행위에 대한 규정으로 존재하고 있다. 민법 총칙에서도 능력을 갖고 있는 법적 인간에 대해 규정하고 있다.

근대 초기, 한국의 근대법은 일본 식민 통치를 통해 시작되었는데 메이지 민법에서는 '정신박약'은 물론 '농자(聾者), 아자(啞者), 맹자(盲者)'까지도 법적 준금치산자로 규정하고 있었다. 현재의 관점에서 보면 명백히 차별적 행위이지만, 이는 복잡한 법적 연원이 있는 제도로 의사소통 능력이 약한 이들을 보호하기 위한 후견주의적 제도였다. 이로 인해 시각장애인들은 시장에서 교환 행위를 할 수 있는 적법한 행위자의 범주에서도 배제되었다. 이후 1960년대 신민법 제정 이후 한국 사회에서 이런 조항은 철폐되었지만, 국가가 관장하는 각종 자격에 제한 요건으로 남아 있었다. 의료법, 약사법, 공무원법, 해외 이주법 등에서조차 장애인들의 자격은 다양한 형태로 제한[25]되었다.

시각장애인들에 대한 타자화는 단순히 인식적 차원에서만 발생한 것이 아니다. 근대 민법의 도입과 더불어 이들은 법적인 능력을 박탈당하게 되었다. 식민 통치 기간 동안 여러 근대적인 법들이 시행되는데, 이때 권리를 가질 자격에 대한 규정도 등장한다. 장애인에 대한 권리 규정도 이 시기부터 명문화된 조항으로 나타난다. 대표적인 것이 맹인의 권리에 대한 법적 근거인데, 이것은 민법 총칙에서 비롯된다. 한편, 식민지 시절 민법에 대한 규정은 1912년에 제정된 조선민사령에 의거하지만, 조선민사령에는 민법의 총칙에 해당하는 내용이 없었다. 그래서 조선민사령에 규정되어 있지 않은 내용들은 일본 민법 규정을 따랐다.

일본 민법의 총칙에는 인(人)에 대한 규정과 능력(能力)에 대한 규정이 있어서 이를 근거로 권리를 행사할 수 있는 사람들의 자격에 대해 논의한다. 총칙의 능력에 대한 부분은 일본 민법의 내용을 따르게 되었고 이는 1960년 대한민국에서 민법이 수립될 때까지 지속된다. 일본 민법은 1896년(明治 29年)에 제정된 것으로 프랑스 민법과 독일 민법의 영향을 강하게 받았다. 총칙에는 인(人), 사권(私權)의 향유에 대한 규정이 나와 있는데, 사권의 향유는 출생에서 시작된다고 명시

25 ____ 주윤정, 「한국 시각장애인의 직업권 형성에 관한 법사회학적 연구」, 서울대 사회학과 박사학위 논문, 2012.

되어 있다. 2절의 능력 부분에서는 성년/미성년, 장애, 낭비자, 처(妻) 등은 완전한 행위 능력을 갖추지 못한 이들로 언급되고, 이들은 금치 산자 혹은 준금치산자[26]로 권리 행위에 있어서 제한을 받게 되었다.

일본 민법에 의하면 심신상실, 농자, 아자, 맹자 등 장애인들은 대표적인 금치산자, 준금치산자로 권리 행사에 후견인 등의 동의와 보호를 받는 이들로 설정되었다. 여기서 권리를 제한 받는 것은 능력(能力)이라는 규정 때문인데, 이로써 권리 주체의 자격을 규정해버린 것이다. 근대법에서는 권리를 태어나면서부터 갖는 것이라고 당연시하지만 사실상 일종의 제한된 조건이 존재했던 셈이다. 권리의 활동을 하는 데 있어서 행위 능력의 유무와 자기 의사에 의거한 법률 행위를 할 수 있는지를 근거로 개인의 권리 능력을 제한한다. 그래서 재산의 소유와 계약 행위에 있어서 제한을 받았다. 이 같은 자격 제한은 이 규정이 민법에서 사라진 이후에도 지속적으로 장애인을 법적으로 완전하지 않은 법적 인간, 비정상적 인간으로 인식되게 하는 데 큰 영향을 주었다.

그렇다면 식민 통치 시기 이전 장애인의 법적 자격은 어떠했을까? 일제는 이런 민법 총칙을 조선에 적용하기 이전에 구관 조사를 통해

26_____ 일본 민법에서는 준금치산자라는 용어를 사용한다. 해방 이후 제정된 민법에서는 한정치산자를 용어를 사용하고 준금치산자와 한정치산자는 권리의 제한에 있어서 정도가 다르다.
- 주윤정, 「한국 시각장애인의 직업권 형성에 관한 법사회학적 연구」, 서울대 사회학과 박사학위 논문, 2012.

민법 총칙에 대한 관습이 어떤 식으로 구성되었는지 조사[27]했다. 남아 있는 구관 조사 자료 중 3건의 자료와 이와 관련된 관습을 알려주고 있다. 1908년의 중추원 조사 자료에서는 민법 총칙에 대한 조사[28]를 실시했는데, 이 중 4편인 농자, 아자, 맹자, 부랑자[29] 등의 행위 효력에 대해서 다음과 같이 기록했다.

"귀머거리, 벙어리와 장님도 역시 『형법대전(刑法大全)』에 폐질자로 열거되어 있다. 그렇지만 농자와 맹자의 행위는 일반인의 행위와 효력을 달리하지 않고, 오직 아자에 대해서만 드물게 보호자를 붙이는 예가 있다. 이 경우에 벙어리가 단독으로 한 법률행위는 보호자가 그것을 취소할 수 있다. 또 실제에서도 이러한 불구자와 법률행

---

27 _____ 관습조사사업은 통감부 주도로 이루어졌다. 조선민사령 제10조, 제11조, 제12조에서 법인된 관습의 구체적 내용을 확인하고 관습법 정책을 수립하기 위해 추진된 측면이 강했다
이승일, 『조선총독부 법제 정책 : 일제의 식민통치와 조선민사령』, 역사비평사 2008.
28 _____ 제1편 민법 제1 태아의 권리를 인정하는가/ 제2 성년의 규정이 있는가/ 제3 정신병자 행위의 효력 여하/ 제4 귀머거리, 벙어리, 맹인, 부랑자 등의 행위의 효력은 어떻게 되는가/ 제5 아내의 능력에 제한이 있는가 / 제6 住所에 관한 규정이 있는가 / 제7 居所에 관한 규정이 있는가 / 제8 실종에 관한 규정이 있는가 / 제9 법인을 인정하는가 /제10 物의 구별이 있는가
정긍식 편, 『국역 관습조사보고서』, 한국법제연구원, 1992.
29 _____ 여기서 부랑자는 낭비자를 일컫는 말이다. 1910년대까지는 부랑자는 사치, 낭비를 일컫는 사람들을 의미했다.

위를 하는 자는 보증인을 세우거나 혹은 제3자를 입회시키는 예가 이따금 있다. 그렇지만 반드시 이러한 자의 참가를 요건으로 하는 것은 아니다."[30]

구관 조사가 지역별로 이루어진 것을 감안하면, 당시 조선 사회에서는 특정한 농자, 아자, 맹자에 대한 특정한 관습적 규정은 존재하지 않았던 것으로 추측된다. 이들의 행위 능력은 일반적으로 인정되었으며 보호인을 두는 경우도 있었지만, 특정하게 후견(後見)을 두는 관습도 존재하지 않았던 것으로 보인다. 그래서 조선민사령이 개정되기 전인 1921년까지는 관습에 의거해 맹인들은 권리에 대한 제한을 받지 않았을 것이다. 하지만 일본 민법의 적용을 받은 이후로 이들은 행위 능력이 부족한 이들로 인식되며 권리 행사에서 제한을 받는다. 일종의 '권리를 가질 권리'가 제한된 것이다. 이 같은 준금치산자 조항은 행위 능력과 의사 능력의 결여로 인해 계약에서 불이익을 받지 않게 하기 위한 명분을 지닌 보호주의적 입법 조치였지만, 이는 장애인을 근대 한국의 법제에서 장애인을 보호를 받아야 하는 시혜주의적 구조 속에 위치시키게 된 결정적인 원인이 되었다.

민법이 개정될 때까지 '맹인(盲人)'들은 권리 행사에서 제한을 받았다. 특히 해방 이후 시각장애인이 맹학교 교장으로 취임하고자 할 때 많은 어려움을 겪었다고 전해진다. 또한 민법의 개정 이후에도 의

---

30 _____ 정긍식 편, 『국역 관습조사보고서』, 한국법제연구원, 1992, p.89.

료법과 각종 국가자격증 관련 법안에 농자, 아자, 맹자 제한 규정이 포함되어 장애인들의 권리 행사를 어렵게 했다. 이것의 기원은 조선의 료령에서 볼 수 있는데 여기에 "미성년자·금치산자·준금치산자·정신병자·농자·아자 및 맹자에게는 의사 면허 또는 치과의사 면허를 부여하지 아니한다."[31]고 규정되어 있다. 기존의 관습법적 규정에서는 별다른 제한을 받지 않았던 시각장애인들은 새로운 근대적 법의 통치 하에 진입하면서, 제한된 권리 행사자로 그 위치가 달라졌다. 권리가 규정된다는 것은 곧 일종의 제한과 해방의 이중적 의미를 담고 있음을 보여주는 사례다.

행위 능력의 규정을 제정한 것은 조선의 전통적 법체계가 식민지적 근대법으로 전환되어가는 과정에서 벌어진 일이었다. 하지만 일본 사회를 거친 서구의 법 형식이 한국에 적용되면서 한국 사회의 사회적 관계 역시 심대한 변화를 경험한다. 우선 근대 사회의 제정법 체계 속에서 장애인은 무능한 존재로 자리매김 되었다. 이는 장애인이 무능하다는 기존의 사회적 인식과 편견이 법에 반영되었을 뿐만 아니라 법으로 인해 능력/무능력의 경계가 규정되고, 장애인들은 무능한 존재로, 계약을 할 수 없는 무능한 존재로 규정되었음을 뜻한다.

근대적인 법은 정상성과 비정상성을 구별하며, 법적 권리를 행사할 수 있는 자와 아닌 자를 규정했다. 이는 계약을 맺을 수 있는 자와

---

31 _____ 조선의료령(시행 1944. 8. 29), 조선총독부제령 제31호.

아닌 자에 대한 구별[32]로서 이렇듯 법에서 정상성과 비정상성을 구별하는 것은 봉건제 사회의 고착된 지위 관계의 관념에 기반을 둔 것이다. 즉 특정한 정신적 능력(competence/capacity)을 가진 사람은 이러저러하다고 규정해버림으로써 정상적 능력을 가진 사람만이 권리를 향유할 수 있게 결론을 내린다. 왜냐하면 자신들의 이성에 기반을 두어 행위를 책임질 수 있는 사람만을 범주 안에 집어넣었기 때문이다. 반면 비정상적인 능력을 가진 사람들은 법적 자율성의 영역에서 제한을 받으며 권리를 부정당하게 된다. 문자 그대로 그들의 무능력이 효력을 발휘하여 자신과 타인을 보호하기 위한 법적 제한이 필요하다고 인증 받은 셈이다. 그리하여 장애는 단순히 신체적인 결함이나 장애가 아니라 법적 장애로 번역되며, 이로 인해 법적·경제적·정치·사회적 행위에서 제한을 받게 된다. 이런 맥락에서 시민권(citizenship)과 권리의 행사에서 국적의 유무 문제만이 아니라, 능력의 문제, 권리를 가질 자격이 중요한 제한 조건이 되었다.

근대 사회에서 장애를 정상성의 기준에서 배제한 핵심 원리에는 합리적 행위를 할 수 있고, 의사소통을 할 수 있는 능력을 갖춘 이들만을 법적 행위자, 정상인으로 보는 시각이 전제되어 있었다. 하지만, 개인적인 행위 능력을 입증 받지 못했던 대표적 소수자 집단인 시각장애인들, 특히 '맹인' 점복업자들은 지속적으로 집단적인 호혜성의 발

32 ____ Minow, Martha, Making All the Difference : inclusion, exclusion, and American Law, Ithaca : Cornell University Press, 1990.

현과 협동을 통해 자신들의 능력을 입증했으며, 점복업의 직업 조합을 통해 경제 활동을 영위해갔다. 근대 사회로 인해 신분제적 질서에서 해방되었다고 하지만, 장애인의 금치산자 규정에서도 볼 수 있듯이 이들 사회는 능력을 인정받는 사람들과 그렇지 않은 사람들로 위계화했다. 그래서 근대는 해방의 기회이기도 했지만 이성과 능력이란 측면에서 사람들을 규정하고 배제하는 정치가 작동함으로써 장애인과 무능을 점차 등치시켜갔다.

자선과 자혜

식민지 조선의 사회사업은 구한말 선교사의 활동에서 비롯되었다. 사회적 약자인 장애인, 한센병 환자, 고아 및 빈민 등을 대상으로 하는 사회사업은 근대기에 새로이 형성 재편된 영역이라 볼 수 있다. 개항 이후 선교사들이 조선에 진출하면서 이들이 가장 관심을 기울인 대상은 여성과 장애인, 고아 등 조선 사회의 약자 층이었다. 기존 사회에서 다소 배제되었던 이들에 대한 관심과 지원은 이들이 기독교로 개종하는 데 영향을 끼쳤다.

이런 과정에서 단순한 구호뿐만이 아니라 이들에 대한 교육 및 생활, 치료 등에 대한 관심과 활동이 생겨나게 되었다. 선교사들의 사회사업 활동은 시작부터 어떤 전문적 지식과 방법을 가지고 체계적으로 이루어진 것이 아니라, 개인 선교사들이 시각장애인 혹은 한센인 등 특정한 사회적 약자들과의 만남을 통해 점진적으로 시작되었다. 선교사 사회사업 시설 중 대표적인 평양 맹아학교와 한센인 치료 시설인 여수 애양원이 그 같은 점진적 사회사업화의 대표적인 사례다.

종교 신념에 기반을 둔 사회사업의 발달은 복지의 방향이 응급 구호, 시설 구호 등의 방식으로 형성된다.[33] 이런 현상은 선교사 중심의 사회사업이 해방 이후 원조 사업 중심 사회사업으로 연결될 뿐 포괄적인 사회 부조 제도가 발달하지 않고 복지와 자선의 영역으로 남게 되는 데 기여한다. 제3세계 사회복지를 연구한 미즐리(Thomas Midgley Jr., 1889~1944)[34]에 의하면, 식민통치에 의해 발달한 사회복지는 보편주의적 성격보다 특정 집단에 편중되어 발달한다. 사회사업의 대상들이 사업 실시자의 목적에 부합되는 영역을 취사선택함으로써 복지 체계를 형성하는 탓이다. 체계적인 발전이 가능하지 않았던 민족국가 상황에서는 사회적 약자들에게 권력자의 시혜를 강화하는 방식으로 발달한다.

평양의 맹학교와 총독부의 제생원의 자선과 자혜의 경합은 이런 맥락에서 시작되었다. 이후 한국 사회가 장애인을 시혜적으로 바라보는 시각을 갖게 된 배경이다. 조선의 개항 이래 선교사들은 조선에 와서 사회사업을 활발히 펼쳤다. 이는 선교 방법으로 직접 선교보다는 교육과 의료, 사회사업을 통한 네비우스 선교 방식(Nevius Mission Plan)을 채택했기 때문이다. 한편 선교사들이 주로 선교 대상으로 삼았던 이들은 조선의 지배층이라기보다는 여성이나 빈민 등 사회에

---

33 ____ 최원규,『외국민간원조단체의 활동과 한국 사회사업에 미친 영향』, 서울대 사회복지학과 박사학위 논문, 1996.

34 ____ Midgley, J. Social Security, Inequality and the Third World, NY: Johm Wiley & Sons, 1984.

서 배제되었던 사회적 약자들[35]로 기독교의 복음을 드러내기에 적절한 대상이었다. 선교사들의 여성과 빈민, 장애인에 대한 교육 및 관심[36]은 비교적 이른 시기부터 시작되었다. 선교사 사회사업이 시작되던 초기부터 이들은 서구의 선진적인 지식과 기술을 가지고 낙후된 조선에 근대적이고 문명적인 사업을 개진했다. 대표적인 것으로 윌슨(Robert M. Wilson) 선교사의 한센병 관련 사업(정근식, 1997)과 로제타 홀(Rosetta Sherwood Hall, 1865~1951)의 맹인 교육 사업[37]을 들 수 있다.

맹인 관련 특수교육을 처음 시작한 로제타 홀은 교육 목적에 대해서도 "여성 맹인들을 점복, 무당 등 미신적인 삶에 종사하지 않게 하고, 그리스도교 가족의 유용한 일원으로 인생을 살아갈 수 있도록"[38] 하는 것이라고 밝혔다. 로제타 홀은 기독교 교인인 오씨의 딸이

[35] C.C. Vinton, "Presbyterian Mission Work in Korea", The Missionary Review of the World, 1983 Vol. XI, No. 9.

[36] 특수교육 및 장애인 관련 시설 및 제도의 역사의 첫 장은 선교사들이 장식하고 있는 경우가 대부분이다. 교육사업 및 의료사업과 별도로, 선교사 사회사업은 일종의 한센병과 결핵 등의 특수 의료와 장애인 관 교육사업의 영역이다. 즉, 장애인 및 특수질병의 환자들을 대상으로 한 사업이라고 볼 수 있다.

[37] 조선총독부 역시 선교사들의 대표적인 활동으로 나환자에 대한 의료 활동과 로제타 홀의 맹인여아 교육사업을 꼽았다. 서양 선교사들의 조선 활동에 대한 소개에는 두 사례가 빠지지 않고 언급되었다.

[38] Hall, R.S., "Education of the Blind", The Korean Mission Field, Vol. 4, No.5, 1908, p.78.

Hall, R.S., "The Clocke Class for Blind Girls", The Korean Mission Field, Vol.2, No.9, July, 1906, pp.175-176.

장님이라는 사실을 알았을 때, "이곳에서 일을 시작할 기회가 비로소 왔구나. 그 애의 아버지는 기독교인이니 내 의도를 곡해하지 않겠지."[39]라고 생각했다. 당시에 선교사들의 의료 시술이 조선인들을 위한 것이라기보다는 이들을 실험 대상으로 쓴다는 소문이 퍼져 있어 선교사들의 의료 활동에 대한 조선인들의 두려움[40]도 적지 않은 상황이었다. 그래서 로제타 홀은 맹인에게 교육을 시키고자 하는 마음이 있었지만 이를 실행하지 못하고 있다가 기독교 교인의 딸이 맹인이라는 사실을 알고 기회를 찾았다고 생각한 것이다. 로제타 홀은 뉴욕 출신의 감리교 선교사로서 캐나다인 남편 셔우드 홀을 따라 조선에 처음 왔다. 기독교의 선교 활동이 활발했던 평양 지역에서 1894년에 오봉래라는 맹아 소녀에게 점자를 지도하며 뉴욕식 한글 점자를 개발했으며, 1898년에는 보다 본격적으로 뉴욕식 점자를 교수하기 시작했다. 로제타 홀의 활동에 대해 한 선교사는 다음과 같이 평가했다.

조선에는 중국과 일본과 마찬가지로 맹인이 많다. 그들은 주로, 점복사나 무당으로 일해 어느 정도의 수입을 얻고 있기에 물질적으로는 그들의 상태가 그렇게 슬프다고 할 수는 없다. 시각(視覺)이 없기에, 그들의 운명은 고달프기는 하다. 맹인은 항상 기독교의 특별한 피보호자여서, 그들의 고통을 줄이기 위한 다양한 방법이 고안되었

---

39 ____ 셔우드 홀, 『닥터 홀의 조선회상』, 김동열 옮김, 좋은 씨앗, 2003.
40 ____ 민경배, 『韓國基督敎敎會史』, 연세대학교 출판부, 개정판, 1996.

다.[41]

점차로 맹인 소녀들이 점복업 등으로 팔려가지 않고, 로제타 홀에게 와서 점자와 각종 직업 교육(수예, 뜨개질 등)을 받기 시작했지만, 이들은 태어나면서부터 갖고 있던 귀신에 대한 믿음을 쉽사리 버리지 못했다. 기독교인으로 세례를 받고 선교사와 살아가면서도, 어릴 적부터 갖고 있는 부적 등을 몸에 지니고 버리지 못하는 경우[42]가 많았다.

맹인 소녀들이 선교사가 운영하는 학교에 들어와 생활한다는 것은 비단 근대적인 교육을 받게 되었다는 것뿐 아니라, 이전의 삶의 방식과 신앙을 버리고 새로운 세계 속으로 들어가야 한다는 의미이기도 했다. 자신이 모시던, 맹인의 세계를 지배하던 귀신을 축귀해야만, 비로소 근대적이고 기독교 복음에 걸맞은 '광명'의 세계로 진입할 수 있었다. "보이지 않는 12년의 기간 동안 귀신은 폴린(Pauline)[43]에게 진짜로 존재했다. 예수를 가까이 하더라도, 때로는 익숙한 낡은 감정들이 그녀를 괴롭혔다."[44] 폴린에게 자신이 익숙했던 귀신 들린 세계를 벗어

---

41 _____ "Korea, Work for the Blind", Annual Report of the Board of Foreign Missions of the Methodist Episcopal Church, 1900. p.282.

42 _____ Guthapfel, Minerva, L. "Under the Cross of Gold", The Happiest Girl in Korea, Feming H. Revell Company, 1911.

43 _____ 한국 맹인 소녀의 기독교 세례명으로 보인다.

44 _____ Guthapfel, Minerva, L. "Under the Cross of Gold", The Happiest Girl in Korea, Feming H. Revell Company, 1911.

○ 맹인 여성이 점자 타자기를 치는 모습

나 기독교의 세계에서 살아가는 것은 매우 두려운 일이었을 것이다.

선교사들은 미신과 악습에 물들어 있는 맹인을 구출해 근대적인 기독교인으로 만들기 위해 애를 썼다. 한편에서는 근대적 문자(점자)를 익히고 근대적 기술(수예, 재봉, 타이핑 등)에 능한 근대적 생활인을 길러내 자립 생활이 가능한 근대적 인간으로서의 역할을 다하게 교육하려고 노력했다. 그러나 다른 한편에서는 이들을 당장 구원의 손길이 절실한 자선(charity)의 대상으로 환원하려고 했는데, 그래야만 학교 운영을 위한 기금을 모집할 수 있었기 때문이다. 후자의 모습을 강조하기 위해서 선교사들은 맹인 여아들이 점쟁이에게 팔려가는 사회적 악습과 귀신 들린 비참한 삶의 모습을 부각했고, 전자의 모습을 위해서는 수예를 하거나 타자치는 모습 등을 담은 사진, 점자 교육을 받는 모습 등을 보여줌으로써 근대적 교육 내용을 강조했다.

맹인에 대한 서구 선교사의 관심 및 제도화에 자극을 받아서 그 랬는지 조선총독부는 식민 통치 초기부터 맹인에 대해 관심을 기울 였다. 하지만 앞에서 언급한 천황제적 자혜주의의 맥락을 벗어나지 못했다. 조선총독부는 1911년 6월 조선총독부령에 의거해 제생원을 설립했다. 천황은사금(天皇恩賜金)을 주요 재원으로 삼아 맹아인 전 문 교육 기관을 만들고, 여기서 학과 교육 및 직업 교육을 실시한 것 이다. 이는 조선인 이필화가 운영하던 경성 고아원을 인수해 사업을 계승한 것으로, 맹인 교육, 아인 교육, 고아 양육, 정신병자 구료 사업 등을 담당[45]했다. 조선총독부의 제생원 설립에 대해, 조선에 거주하고 있는 일본인을 위한 안마사가 필요했기 때문이라는 주장도 있지만, 그보다는 서구 선교사의 사회사업을 강하게 의식하고, 일본의 근대 적/문명적 면모와 천황의 자혜[46]를 드러내기 위한 수단으로 맹아 교육

45 ___ 『朝鮮總督府濟生院要覽』, 1921.

46 ___ 일본내에서도 사회사업과 천황의 자혜는 결합되어 있는 영역이었지만, 식 민지 조선과는 다소 차이가 있다. 천황의 자혜성을 드러내, 권력의 효과를 노리고 한편 일종의 역할 모델로 삼아 민간에서 자선/자혜사업을 활발히 일으키게 하려 는 측면이 한편에서는 있었다. 다른 한편에서는 국가와 민간영역에 애매하게 걸쳐 있는 사회사업 영역을 국가화하기 위한 방편으로 천황의 자혜를 강조하는 측면도 있었다. 천황의 자혜는 복지/ 사회사업 영역의 국가화를 위한 일종의 우회로로 활 용되기도 했다. 천황의 자혜구제사업은 아이러니하게도 사회사업의 국가화를 위 한 알리바이와, 민간영역의 활성화를 통한 국가부담의 경감 모두를 위해 양쪽에서 이용되었다. 須藤康惠, 「社会事業史(前史)における天皇制的慈恵に関する研究『日 本社会事業年鑑(大正8年〜15年版『昭和8年〜18年版』)を中心に」, 『研究紀要』, No.18 (2005/3) pp. 53〜69, 池田敬正日本の救済制度と天皇制 (1986年度日本史研究会大

○ 특수교육을 받는 시각장애인 소녀들(The Happiest Girl in Korea, 1911)

을 실시한 것으로 보인다.

1919년 조선은행에서 식민 통치 기간의 진보를 선전하기 위해 출간한 영문 책에는 교육 부문에서 제생원의 교육이 식민 통치의 대표적인 사례 중 하나로 선전되었다. 맹아의 교육에 대한 기원은 평양의 홀 선교사로부터 비롯되었지만, 합방과 더불어 천황은사금(天皇恩賜金)으로 '자선 기관(charity asylum)'이 설립되었다[47]며 제생원에서 이루어지고 있는 맹아인 대상의 직업 교육 관련 사진을 수록했다. "보통교육 쇄신을 위해서는 맹아자 특종 교육에도 이르는 것이 지당한 것.

会特集号支配の思想と民衆) (全体会シンポジウム近代天皇制と「国民統合」近代天皇制の社会史的解明〔含 討論, 日本史研究 /日本史研究会編., 1985, 通号 295, pp.16～32.

47 ____ Bank of Chosen, 1919, Pictorial Chosen and Manchuria, Seoul.

○ 제생원의 학생들이
안마수업을 받는 장
면(Pictorial Chosen
and Manchuria.
1919)

조선에서는 천황의 성은(御聖恩)과 자혜(御惠)로 세상에도 드문 맹아
자의 행복이 있다."[48] 내지에서는 학비의 지급이 어려워 공부하기 어려
웠는데, 조선에서는 관비생일 경우에는 학비가 필요 없고, 졸업 후에
약간의 금전을 받아 귀가해 "총독부 인정(仁政)의 혜택을 성립할 바"[49]
라며 식민지 조선에서의 천황의 은혜가 강조되었다.

조선총독부에 있어 제생원은 천황의 자혜를 드러내는 중요한 근
대적 시설이었으므로 그들은 박람회 등에서 제생원 관련 시설에 대
한 선전을 펼치는 데에도 주력했다. 1915년 경복궁에서 열린 '시정5년
기념조선물산공진회(施政伍年記念朝鮮物産共進會)'의 자혜구제(慈惠救
濟) 분야의 전시[50]에서도 제생원을 매우 중요한 시설로 소개했고, 제

---

48 _____ 「盲啞部의 祝聖恩」,『每日申報』, 1914.3.31.
49 _____ 朴斗星, 1917, 「半島盲啞의 教育 」,『半島時論』, 5월호. p.40.
50 _____ 朝鮮總督府,『施政伍年記念朝鮮物産共進會報告書』, 1915, 三券.

생원 학생들이 점자를 이용해 공부하는 모습, 직업 교육을 받는 사진과 모형 등을 전시했다. 제생원이 자리 잡은 곳은 옛 선희궁 터인 신교동으로, 이 역시 선전의 목적이 강했던 것 같다. 맹인들은 궁터에 맹인 교육 기관이 자리 잡은 것을 특별한 은혜[51]로 인식했다. 조선총독부와 가까운 곳에 제생원이 자리 잡은 것은 맹인들을 위해서라기보다는 천황의 자혜가 드러나는 시설의 선전 목적이 더 컸는데, 제생원에 대한 시찰[52]을 용이하게 하려는 목적도 있었다. 그래서 사회사업 강습회 등이 개최되면, 제생원은 단골 시찰 장소로 이용되곤 했다. 맹인의 교육은 사회의 발전과 근대적인 면모를 보여주는 대표적인 분야였다. "맹인에 대해서 집에서도 사회에서도 한편으로는 동정하지만 다른 한편으로는 기물(棄物) 취급하는 것이 실정이다. 사회의 진전과 더불어 맹인, 아자에 대한 교육 시설과 사회사업적인 신시설이 보급되어, 지덕(知德)상으로는 혹은 직업상으로는 보통인과 마찬가지로 공동 생활에 참가하며, 책무를 담당하는 사람들이 많아졌다."[53]

---

51 ____ 김천년, 『맹인실록』, 1998, 미간행원고.

52 ____ "맹, 아부 시절에도 많은 사람들이 참관을 왔었다. 일반 학교에서 배우던 보통학교 국어 책에도 '맹학교 참관'이라는 교재물이 있었다. 4학년 2학기용 즉 국어 10번에 실려 있었는데 내용의 요지는 '-흰 종이 위에 질서 있게 나열된 점들을 앞 못 보는 아동들의 손가락을 더듬어 재빠르게 옮겨가는 것이란 신기하고도- 문득 창문 밖을 내다보니 경치 좋은 학교 교정에는 눈꽃이 조용히 내리고 있다'라고 쓰여 있었다. 참관을 오는 사람들은 전문학교에서부터 시골의 보통학교에까지 이르렀다.

-김천년, 『맹인실록』, 1998, 미간행원고.

53 ____ 和久正志, 「盲兒敎育の槪要」『朝鮮の敎育硏究』, Vol.- No.73, 1934.

천황제적 자혜가 강조되는 것은 당시의 시대적 상황과 관련이 있다. 일본에서 천황은 메이지 유신 이전까지는 일반 국민들에게 잘 알려지지 않았던 존재다. 그래서 천황의 존재와 정당성을 부각하기 위해 천황 및 천황가의 여성들은 다양한 자혜 구제 활동에 종사했다. 이를 테면 병원의 설립, 환자와 질병인들에 대한 구제 등이다.

자선과 자혜는 개별적인 개인들의 행위였을 뿐 아니라 복지라는 틀로 제도화되기 이전, 사회적 약자를 구제하던 하나의 방식이었다. 자선 중심적인 시각의 복지 영역 발달은 식민주의 경험과 연관이 된다. 이런 방식의 천황제적 자혜와 선교사 주도로 이루어진 자선은 시혜주의적 복지 구조를 촉발하였고 이어서 해방 이후에도 권위주의 정부의 자혜와 원조 단체의 자선이라는 방식으로 이어진다.

그런데 시혜주의적 구조는 지속적으로 복지의 대상이 되는 집단과 그렇지 않은 집단을 구별해낼 뿐 포괄성과 보편성을 추구하지 않았으므로 권리 중심적 시각이 사회에 자리 잡게 되는 데에는 시간이 아주 많이 걸렸다. 장애인들을 자선과 자혜의 '불쌍한' 대상으로 바라보는 시혜주의의 기원이 생겨난 배경이다. 즉 사회 문제가 경제적인 이해관계의 충돌과 조정이라는 상황에서 발생하거나 계약적 관계의 조정을 통한 사회적 연대의 확산으로 구성되는 게 아니라 권력에 의해 온정적이고 자의적인 방식으로 채택된 특수한 대상에 대한 자혜와 자선의 방식으로 구성되었음을 알 수 있다. 이런 시혜주의는 많은 한계에도 불구하고 현재까지도 한국 사회의 복지영역에서 지속적으로 강력하게 작동하고 있는 한 형식이다. 일례로 해방 이후에는 원조를 통해 이 같은 시혜주의의 구조가 지속되었다.

1장에서는 전통 시대에는 나름의 방식으로 주체적인 삶을 영위하던 시각장애인들이 근대 사회가 시작되면서 계몽과 자선의 대상으로 자리매김 되어가는 과정을 분석했다. 이는 한편에서는 근대 특수교육을 통해 포섭한 것이기도 하지만, 사회의 불쌍한 자선/자혜의 대상, 문맹, 그리고 보호되어야 할 무능력자로 타자화한 것이다. 2장에서는 전통 사회의 생활 방식이었던 맹인 점복업이 호혜의 역사를 어떻게 유지하고 변형시켜왔는지를 살펴본다.

2장

'맹인' 점복업 조합의
호혜적 경제활동

맹인 점복업 조합의 오래된 미래

전통적으로 시각장애인은 맹승(盲僧), 혹은 판수(判數)[54]라 불리며 점복업과 독경업에 주로 종사해왔다. 하지만 근대적이며 과학적인 사회로 변화하며 점복업은 줄곧 미신으로 인식되었고, 사람들의 시야에서 점차 사라져갔다. 식민지 초기만 해도 점복업에 종사하는 시각장애인이 대다수였지만, 식민지 시기 시각장애인의 근대적 직업으로 도입된 안마업의 확산으로 인해 점복업은 차츰 전근대의 비과학적 사고의 상징으로 타자화되고 비가시화되었다. 하지만 점복업은 '맹인'의 대표적 경제 활동 중의 하나로서 소수자의 전통적 직업 집단인 '조합'이 식민 통치와 근대화를 거치며 어떻게 변화했는지 그 양상을 잘 보여준다. 또한 소수자 집단이 호혜를 통해 어떻게 집단성을 유지해왔는지도 보여준다.

최근 한국 사회에서도 사회적 경제 등 시장 중심적 방식과 다른

---

[54] 시각장애인을 낮잡아 이르는 말. 혹은 점치는 일을 직업으로 삼는 맹인.

경제 원리에 대한 관심이 높아지고 있다. 호혜는 사람들의 선물의 주고받음을 통해 시장적 계약 관계와는 다른 교환 관계를 의미하는데, 현재 새로운 경제 제체로 주목받고 있는 사회적 경제가 호혜에 의거한 대안적 경제라고 할 수 있다. 시각장애인 점복업의 호혜적 경제 활동은 이런 대안적 경제의 오래된 미래라고 할 수 있다.

이번 장에서는 맹인의 대표적 경제 활동인 점복업 조합의 이야기를 통해 주변인과 소수자들의 경제 활동을 조명함과 동시에 시각장애인의 조직이 직업 집단[55]으로 조직되어 역사를 통해 다양하게 변화해왔다는 사실을 밝히고자 한다. 이를 통해 사회적 약자 집단의 역사가 단순히 사회적 배제와 차별의 역사만이 아니라 사회를 낯설게 볼 수 있는 시각을 제시하고, 상부상조하는 호혜적 경제 행위의 한 사례를 제시할 수도 있다는 점을 확인하게 될 것이다. 특히, 맹인 점복업 조합의 호혜적이고 상호부조적인 활동들은 현재 사회적 경제와 협동을 고민하는 우리 사회의 노력에 시사하는 바가 클 것이다.

시장 경제에서 제도적으로나 관행적으로 계약의 완전한 주체로 배제되었던 맹인 점복업자들은 호혜와 재분배라는 방식을 통해 조직

---

[55] 소수자 직업집단에 대한 연구로는 보부상 조합과 백정의 조합에 대한 연구가 있다. 보부상 조합의 연구는 경제활동에 대한 연구를 진척시키고 있지만, 백정의 경우에는 신분제적 차별의 극복이라는 인권적 관점에 기반하고 있는 편이다. 조영준, 『19-20세기 보부상 조직에 대한 재평가』元洪州六郡商務右社를 중심으로」, 『경제사학』 제47권, 2009, 39-77쪽; 김중섭, 『형평운동연구』, 한국사회학연구소, 1994.

을 지속했다. 시각장애인들은 시장 경제 내에서는 법적인 자격을 획득하지 못했고, 또 여러 가지 자격 제한과 규제를 경험했지만, 비공식적 영역에서는 자신들의 조직과 경제 활동을 유지해왔다. 폴라니(Karl Polanyi)는 "역사학과 인류학의 최근의 발견은 인간의 경제는 사회적 관계 속에 침잠해 있었다는 것을 보여준다. 물질적 이득을 취하는 데 있어서 개인적 이해관계를 보장하기 위해 행위하는 것이 아니라, 사회적 지위, 사회적 청원, 사회적 자산을 보호하기 위하여 행동한다는 것을 보여주고 있다."[56]고 말한 바 있다.

맹인 점복업자들의 조합 활동과 경제 활동은 조직의 구성, 조직 내에서의 지위, 조직의 자산 보호를 위해 경제 활동이 사회적으로 조직된 대표적인 사례라고 볼 수 있다. 맹인 점복업자들의 도제식 교육에 기반을 둔 위계질서 속에서 경제 행위가 정의되고 조직화되었다. 이는 맹인 점복업자들이 장애인에 대한 법적·사회적 차별 속에서 개인으로 생존을 도모하는 것이 어려웠기 때문에 보다 용이한 집단적인 경제 활동을 통해 생존을 도모했던 것임을 알 수 있게 해준다. 이런 호혜의 역사는 조선시대로부터 시작한다.

---

56 ____ 칼 폴라니, 홍기빈 옮김, 『거대한 변혁』, 길, 2009, p.48.

맹인 조합과 맹인 직업의 변화

맹인은 조선시대까지 고, 맹격, 판수, 소경 등으로 불리며 점복업자 혹은 악사로 활동했다. 조선의 민간 신앙을 조사한 무라야마 지준[村山智順]은 "남성 복술자 중 약 8할이 맹인이었고, 이는 조선 특유의 현상이라고 했다. 복술자가 맹인이 왜 많은지는 유래가 분명하지 않지만, 맹인에게는 다른 적당한 직업이 없었고, 맹인은 눈뜬 사람처럼 보통의 것을 볼 수 없는 대신 보통 사람이 볼 수 없는 신비 유현(幽玄)한 것을 볼 수 있는 심안을 가지고 있다는 민간 신앙으로 인해 예부터 지금까지 귀신퇴치의 기도[57]에 종사해왔다."고 했다. 조선에서는 맹인들이 신분에 관계없이 점복에 종사했으며, 이는 생계를 위해서일 뿐 아니라, 일반으로부터 존경과 신뢰를 얻기 때문[58]이기도 했다. 맹인 점복업자들은 고려시대에는 불교의 영향권 아래 맹승(盲僧)으로 자처

---

57 _____ 村山智順, 김희경 옮김, 『朝鮮の占卜と五言』, 동문선, 1990, 98쪽.
58 _____ 村山智順, 『朝鮮の巫覡』, 朝鮮總督府, 1932, p.138.

○ 독경하는 맹인(『日本地理風俗大系』(新光社, 1930)(서울역사박물관 공공누리(서 27650))

하며 살았지만, 조선시대 이후에 불교가 쇠락하고 유교의 시대가 되자 전혀 다른 상황에 처하게 된다.

불경(佛經)은 통독(通讀)하면서라도 표면상은 유계(儒系)로 처세(處世)하였던 모양이다. 그들은 그때부터 아마 상투를 쫓고 현관(玄冠)을 착용하였을 것이다. 양풍(洋風)을 존중하게 된 금일에는 벌써 그들 중에 단발(斷髮)에 양화(洋靴) 양모(洋帽)한 자를 허다히 볼 수 있다.[59]

즉 맹인 집단은 역사의 변천에 따라 조직의 내적 원리는 유지하면

59 ___ 손진태, 「盲覡考」, 『손진태선생전집』 제6권, 太學社, 1981.

서, 외부의 변화에 적극적으로 적응하면서 살았다고 볼 수 있다.

맹인 점복업 조직에 대한 언급은 조선 후기에 대한 서양인들의 서술에도 종종 등장한다. 달레(Claude Charles Dallet, 1829~1878) 신부는 맹인 점복업 조직과 그들의 조합 활동에 대해 다음과 같이 적었다.

이 직업에서 가장 인기 있고 명성을 떨치는 것은 장님들이다. 그들은 거의가 어려서부터 그 일에 종사하고 같은 불구로 고생하는 어린이들에게 그들의 비결을 전해준다. 그것은 말하자면 타고난 직무이며 흔히는 그들의 유일한 생활 수단이다. 멀리 떨어진 지방에서는 제각기 따로따로 자기 책임 하에 그 일을 하지만, 도시 그중에서도 서울에서는 그들은 강력한 동업조합을 조직하고 있어, 법률로 인정되어 있고 정부에 세금도 바친다. 조합원이 되려면 적어도 3년간의 수련기를 거쳐야 한다.[60]

한편 19세기 말 조선을 여행한 영국의 여류 여행가 비숍은 맹인 점복업자들의 조합을 '길드(guild)'라고 적었는데, 이는 그들의 조합이 체계적으로 운영되고 있었음을 시사하는 대목이다.

판수는 과거의 왕조에는 지위가 높았지만 조선시대에 들어오면서 지

---

60 _____ 샤를르 달레, 안응열 외 옮김, 『한국천주교회사』 상권, 한국교회사연구소, 1980, pp.221-222.

위가 다소 낮아졌다. 판수조합의 수장은 참판, 승지란 직함을 갖고 있다. 판수는 지역 조합을 갖고 있으며, 자신의 기금에 기초한 다양한 조직들이 있다. 판수조합의 중앙 사무실은 정부에 의해 세워졌으며, 이것은 정부에 의해 운영된다. 조합의 수장들은 반-공식적인 지위를 갖고 있다.[61]

맹인 점복인들은 조선시대 이래 '맹청(盲廳)'이라는 조직을 운영해 왔는데, 이 조직에서 경제적 활동을 조직하는 것을 '문생청'이라고 했다. 문생청에는 양천을 구별하여 좌방과 우방을 두었고, 각 좌우방에는 5개의 문생청이 있었다.[62] 그들은 문생청 조직을 통해 맹인 점복업자들의 경제 활동과 교육 활동을 조직했다. 대한제국을 거쳐 식민 시기에는 이 문생청이 유명무실해졌지만 일부 맹인 점복업자들의 노력에 힘입어 힘겹게나마 '부활'했다. 특히 1924년에는 맹인 수십 명이 회합하여 '조선맹인조합총본부'를 조직하고 규약 등을 협의한 후 당국에 인가 신청서를 제출하였는데 그 회의 목적이 '불쌍한 앞 못 보는 이들이 서로 안마하는 법을 배우며 점자법, 역리 연구 등을 통하여 세상 돌아가는 물정을 알며 또 자기네의 생활 향상을 도모[63]하는 것이었다고 한다.

61 ____ Isabella Bird Bishop, Korea & Her neighbours, 景仁文化社, 2000[1898], p.44.
62 ____ 임안수, 앞의 책.
63 ____ 「'맹인'회 부활 수십명으로 조직」, 『동아일보』 1924.10.30.

맹인계의 기록에 의하면 1925년 조선맹인조합은 '조선맹인역리대성교'라고도 불렸는데, 5개 문생청을 중심으로 출발했으며, 서울 종로구 공평동에 60평 정도의 2층 목조 가옥을 마련해 시작했다. 이 가옥은 조선시대 맹청의 건물을 판 후 남아 있던 돈과 당시 몇몇 유지들이 헌금을 모아 마련한 것[64]이었다. 문생계, 문생청으로 조직되던 것이 조합이란 이름으로 전환된 것은 법적인 성격보다 당시 사회 조류의 변화에 따라 등장한 새로운 조직 형식에 기존의 전통적인 조직을 전환시킨 것이라 봐야 할 것이다.

조선시대 이래 각종 계(契)가 존재했지만 이는 흔히 조선인 간에 조직한 것이고, 거류 일본인들이 조직한 각종 조합을 통해 조합이란 말이 확산[65]되었다고 한다. 전통적으로 문생계 혹은 문생청이라고 통칭되던 조직이 조합으로 재정의되면서 생긴 가장 중요한 변화는 신분제적 위계를 폐지한 것이다. "시대의 변화에 따라 계급을 타파하여 과거 좌우양방의 구별"[66]을 폐지하지만, 이후에도 이런 구별은 각 조합 내 조직의 상이함으로 인해서 각각 어느 문생 출신인지를 알 수 있기 때문에 이런 구별은 암묵적으로 존재했다.

맹청의 기본 강령은 '5훈과 5계'라는 조합의 규약으로 명확해졌다. 문생청은 문생계라고도 불렸는데 기능적인 측면에서 계와 유사했

64 _____ 김천년, 『맹인실록』, 미간행원고
65 _____ 盧榮澤, 「日帝下 農民의 契와 組合運動研究」 『한국사연구』, 제42권, p.145, 1983.
66 _____ 안성균, 「점복업」, 『맹인의 교육과 복지』, 도서출판 특수교육, p.523, 1993.

다. 당시 조합을 설립한 이유 중의 하나는 "맹인들이 벌이하는 대로 얼마씩을 지정해서 꼭 그거를 내는데, 맹인들이야 거짓말 하는 법이 절대로 없으니까, 많이 벌면 많이 내고. 아주 한 푼도 못 벌면 한 푼도 안 내고. 벌어지는 대로"[67] 기금을 내는 상호부조의 원리에 있었다. 즉 조합은 이 원칙을 보다 체계적으로 시행하기 위해 세워진 것이다. 조합의 운영 원리로서 규약에 기록된 '5훈 5계'에 대해 작고한 시각장애인 계의 원로인 지중현은 다음과 같이 말했다.

5훈은 가르칠 훈(訓)자. 애인단체하고. 단체를 사랑하라고. 지선위사. 선생님을 지극히 잘 모셔라. 입도명덕이야. '맹인'이 도에 들면 덕을 닦고, 덕을 세워라. 필수윤강이라. 뭐든지 하게 되어서 지키게 되면 틀림없이 윤강(오륜삼강)을 잘 지켜라. 끄트머리에는 사유종시라. 일이 있으면 처음과 나중이 똑같이 하도록 해라. 이렇게 해서 이건 5훈이라고 지키고. 또 5계가 있어요. 경계할 계(戒) 자 다섯 가지. 물이패악하라. 뭐든지 패악한 그런 짓은 하지 마라. 물이탐욕. 탐욕을 하지 마라. 물이사기. 사기가 되지 않도록 해라. 물이범죄라. 죄를 짓지 말도록 해라. 물이음행이라. 음행을 절대로 하면 안 된다. 그리고 그렇게 해서 그걸 가지고 그 내의 모든 것을 잘 지키도록 하고. 병즉구완이고 사즉감장이야. 병이 들면 구완을 해주고 죽으면 감장을 해주고. '맹인'들끼리 벌이하는 대로, 참 민주주의 법이죠. 절대로 벌

67 _____ OH_09_021_지중현_06_01, p.13.

이하는 거 속이는 법도 없고. 꼭 그거를 얼마 벌면 얼마 낸다는 것을 분명히 해 가지고 그거로다가 밀천을 만들어서 그 밀천으로 '맹인'들이 병든 사람 구해주고, 집 없는 사람 집도 얻어주고, 죽으면 장사 지내는 계도 주고. 부모제 계도 주고. 아들딸 시집 장가갈 때도 얼마든 부조금을 주고. 본인 회갑이 되든지 하면 조금씩 주는 게 있고. 이렇게들 진행한답니다. 그래서 그렇게 하는 그것이 있는데 절대로 벌이에 대해서 속이는 법이 없어요.[68]

조합의 기본 원리는 5훈과 5계의 규율에 기초해 있으며, 경제적 기반을 바탕으로 하여 '병즉구완' '사즉감장' 즉, 조합원들 간의 상호부조 활동을 강조했다. 이런 식의 경제적 활동이 가능했던 데엔 맹인계에 존재했던 '송경금' 징수 제도의 몫이 크다. 맹인 점복업자들은 대체로 독경을 하고 받은 돈의 10퍼센트 정도를 송경금으로 냈다고 한다.[69] 일부 맹인들의 반대가 있었지만, 이런 제도가 조합 설립 시 정착되면서 지도부를 중심으로 상호부조적인 문화를 활성화했다. 상호부조 문화는 현재까지도 이어지고 있다. 맹인 조합은 맹청의 기본적인 조직을 유지했지만, 책임자는 회장으로 정하고 회원들이 이를 직접 선출했다. 해방 이후에는 평의원 제도가 도입되어 대의원 제도의 시초가 되었으며, 최고 의사 결정 기관으로 총회, 고문, 임원, 대의원

68 _____ OH_09_021_지중현_06_01, p.13.
69 _____ 임안수, 『한국 시각장애인의 역사』, 한국시각장애인연합회, 2010, p.135.

이 모인 합동 회의를 설치하기도 했다.[70] 의사 결정 과정이나 회의 운영이나 비교적 민주적으로 운영되었다.

맹인 점복업자들이 전통적인 조직 원리를 유지한 채 현대적인 방식으로 운영했다고는 해도 점복업 자체는 식민 권력에 의해 미신으로 인식되었고 탄압과 타파의 대상이 되었다. 특히 1920년대 말부터 독경 맹인에 의한 유사 의료 행위, 즉 치병을 위한 독경 과정에서 사망자가 발생하는 등의 피해가 등장하고, 점복업이 사회 문제로 부각되면서 맹인 점복업과 독경에 대한 취체[71]가 시작되었다. 더 나아가 조선총독부가 운영했던 제생원에서 근대적 직업 교육으로 안마를 강조하면서 점복업은 미신으로 인식되어 타파의 대상이 되었다. 뿐만 아니다. 조선 사회 내부, 즉 기독교와 사회주의 계열, 그리고 우파 민족주의 사이에서도 미신타파에 대한 공감대[72]가 광범위하게 형성되고 있었다. 한편 기독교 선교사들은 맹인 선교를 통해 악습과 미신에 젖어 있는 이들을 밝은 빛의 길로 인도한다는 사명감을 갖고 있었다. 그래서 맹인 점복업자가 기독교인으로 개종하는 사례는 성공적인 선교담

---

70 _____ 안성균, 앞의 책.

71 _____ 「무녀맹인대타격 미신사상복멸책, 허가없이 기도못하기로, 개성경찰의 결단」, 『조선중앙일보』 1932.12.20; 「무당과 판수 取締法問題, 그대로 내버려두면 미신만늘어, 사회각방면에 해독을 끼친다고, 實現與否는 疑問」, 『동아일보』 1929.10.3.: 「무당 판수 等 團束을 內命, 피해가 점차 늘어간다고 微溫的으로 制裁」, 『동아일보』 1932.11.4.

72 _____ 이필영, 「일제하 민간신앙의 지속과 변화: 무속을 중심으로」, 『일제의 식민지배와 일상생활』, 혜안, 2004, p.355.

○ 맹인들을 찍은 흑백사진. 석남 송석하 (1904~1948)가 수집한 사진 자료로 아키바 다카시[秋葉隆, 1888~1954]와 아카마쓰 지조[赤松智城, 1886~?]가 촬영했다. 국립민속박물관 소장.

으로 종종 소개되곤 했다.[73]

근대적 직업인 안마업을 중심으로 직업 교육을 실시한 제생원의 교사 다나카 도지로[田中藤次郞]는 "맹인 중에 유복한 자는 무위도식하고, 빈곤한 자는 대부분 점복업에 종사한다. 하지만 이런 직업이 점차 부적당해져가고 있다. 문화가 향상하고, 교육시설이 정비된 오늘, 자제의 교육, 정상적인 직업의 개척 등으로 본인을 위해서도 국민으로도 고려되어야만 한다."고 말했다.[74] 하지만 다나카 도지로의 언급대로 점복업에 종사한 맹인들은 빈곤한 가정 출신인 경우가 많았다. 조선총독부가 설치한 제생원에서는 맹인들에게 안마업을 중심으로

73 _____ 주윤정, 앞의 글, p.105.
74 _____ 田中藤次郞, 「盲人と卜禱」, 『朝鮮社會事業』 pp.20-7, 1942.

근대적 교육이 이루어졌으며, 기독교 선교사 계열의 학교에서도 맹인 점복업자들이 근대적 직업 교육을 통해 근대인이 되도록 유도했다. 선교사 계열의 특수학교에서는 타자, 자수 기술 등을 가르쳤다.

하지만 교육 기회가 부족한 맹인들에게 점복업은 절박한 생존의 수단이었다. 그래서 맹인 점복업자들은 미신타파 취체에 대해서 이렇게 말하며 저항했다.

뭐 앉아서 굶어 죽으나 맞아 죽으나 죽는 건 마찬가진데 우리가 미신타파 한다고 해서 그냥 가만히 앉아서 죽을 순 없지 않냐, 그러니까 우리가 총독부로 쳐들어가자, 불행한 것도 불행한 거지만 불행 중에도 이 농성은 일본 놈한테 우리가 처음 시작한 건 맹인이요. 그 맹인들이 달래 했나? 미신타파를 하다 보니까 우리는 죽기 살기로 싸워야 되겠다 해 가지고 이제 총독부를 쳐들어가기 시작하는데……[75]

이렇듯 총독부의 미신타파 정책에 적극적으로 저항하며 맹인 점복업자들은 지속적으로 시위를 이어갔다. 이런 저항의 기억은 이후, 시각장애인 안마업자들이 자신들의 독점적인 직업적 권리를 주장하며 시위를 하는 데 집합적인 기억으로 등장했다. 식민지기 맹인 관련 통계[76]는 이 시기 직업의 변화상을 잘 보여준다. 1921년에는 조선인 맹

---

75 ____ OH_08_019_이찬영_08-01.
76 ____ 『朝鮮盲啞者統計要覽』, 1921; 1927 기초해 재구성.

인은 총인구 17,264,119명 중 8,699명이었는데 그중 남성은 5,799명 여성은 2,900명으로 조사되었다. 도별로는 경기도와 평안남도에 거주하는 맹인이 가장 많았는데 각각 1,113명과 1,171명으로 조사되었다. 당시 직업 분포를 보면 여전히 점복·독경·무녀가 대다수를 차지하고 있었고, 점차로 침구업 및 안마업이 증가하고 있음을 알 수 있다.

1927년의 조사에서는 조선인 맹인은 11,085명으로 남성이 7,102명 여성이 3,983명으로 조사되었다. 당시의 총인구는 18,968,066명으로 맹인은 총인구의 약 0.06퍼센트를 차지한 것으로 조사되었다. 1921년의 조사와 달리 이번 조사에서는 경상남도에 거주하는 맹인의 수가 1,225명으로 가장 많은 것으로 조사[77]되었다. 1921년과 1927년의 통계가 차이를 보이는 것은 실질적 인구 변동을 반영하기보다 1927년의 조사가 좀 더 충실히 이루어져 보다 많은 수의 맹인이 조사 대상에 포함된 탓으로 보인다. 1927년까지의 맹학교 졸업생 수는 126명으로 파악되었는데,[78] 당시 맹인들은 경기도뿐 아니라, 경상남도, 황해도, 평안남도 등 여러 지역에 골고루 분산되어 거주하고 있었다. 1921년과 1927년의 통계를 보면, 침 및 안마업에 종사하는 맹인의 수가 증가하고 있음을 알 수 있다. 제생원 졸업생 수가 증가하면서 침구 및 안마업에 종사하는 자들의 수도 늘어났다.[79] 반면 점복업 등에 종사하는

---

77 ____ 직업별 인구조사에는 일본인과 조선인 인구가 구별되어 있지 않아 1921년에는 93명, 1927년에는 121명의 일본인 맹인이 포함된 수치이다.

78 ____ 『朝鮮總督府濟生院盲啞部 創立二十伍年史』, 1938.

79 ____ 주윤정, 앞의 글 재구성.

맹인의 수는 점차 감소했다.

연도	점복·독경·무녀	침 및 안마	기타(농업, 상업, 교사, 일용노동)	무직	합계
1921	1,737	97	1,653	5,305	8,792
1927	1,539	383	931	8,353	11,206

맹인 직업분포[80]

80 ____ 『朝鮮盲啞者統計要覽』, 1921; 1927 재구성.

해방 이후 맹인 점복업자들의 단체 활동과
사단법인 설립

해방 이후 기독교의 영향으로 미신타파 정책이 강화되면서 맹인 점복업자 단체의 공식적 활동 영역은 위축되었다. 안마업에 종사하던 맹인들의 사정도 좋지 않았다. 일본인들이 떠나는 바람에 일본인을 주요 고객으로 삼아 영업하던 안마업이 쇠락했기 때문이다. 적절한 일자리를 찾지 못했던 맹인들이 점복업에 입문하여 종사하게 되는 경우도 점점 늘어났다. 따라서 맹인 조합의 조직 자체는 확장되었다. 맹인 조합은 1956년에 설립된 '사단법인한국맹인복지협회' 산하 대한 '맹인역리대성회'라는 단체로 가입해 활동했다고 전해진다.

해방이 되면 이제 기독교가 판세잖아요? 그러니까 내가 이제 사회 맹인들 보고서는 어느 형한테 가서 "너희들 이거 이제 사회에서 그렇게 미신타파하면은 개인은 할 수 없으니까 우리가 회의를 하자"고, 그래 가지고 '맹인협회'를 만들었거든요. (일정 때부터 안마하는 맹인하고 점하는 맹인하고) 버젓하게는 없었어도, 사이는 좋지 않았어요. 그, 미신이라, 미신한다 그러면 안마하는 사람이 그 사람을 말하자면, 업신여겼지, 가만히 보니까. 또 그 사람은 일본인들 발바닥 주무르고 그러는 놈들이라 그러고. 서로 좋지 않대요, 보니까.[81]

당시에 점복업에 종사했던 맹인과 안마업에 종사하는 맹인의 갈등은 단순히 직업 선택의 차이에서 비롯된 문제가 아니었다. 점복업에 종사하는 이들은 주로 도제식 교육을 받고 직업 기술을 습득한 경우가 많았는데 대개 근대적 교육을 받을 수 있는 상황이 아니거나 경제적으로 궁핍한 맹인들이 점복업을 선택했다. 또한, 안마업의 주요 고객이었던 일본인들이 해방 이후 떠나면서 안마업이 쇠퇴기에 들어서자 전쟁이란 혼란스런 상황에 놓인 빈곤한 맹인들에게는 점복업이 생계의 수단으로 기능했으므로 안마업에 종사했던 맹인들이 점복업으로 방향을 전환하는 경우도 많았다.

이런 상황 아래 한 여성 시각장애인은 전쟁 시기 점복업에 입문하게 된다. 원래 북촌에 거주하던 양반의 후손이었지만, 전쟁 시기 가정의 생계가 곤란해지면서 점복업을 배우게 되었다. 여성은 점복업에 종사하게 된 처지에 대해 이렇게 말했다.

반대고 말고 할 수가 있소? 살기가 너무 죽겠는데. 그나마도 근근이

81 ____ OH_09_021_이종관_06_01, p.27.

살다가 피난만 갔다 와서 정말, 생활이 다 엎어졌는데. 나는 공부하면 돈 낼 게 걱정 아냐? 그런데 돈 안 받고 가르쳐준대. 그런 데가 어딨어요? 그러니까 얼씨구나 하고 댕긴 거지. 반대하고 말고 할 여지가 없었지.[82]

점복업을 배우는 데 따로 교육비를 지불해야 하는 것도 아니고, 배운 후 바로 영업을 할 수 있으니, 빈곤한 맹인들에게 점복업은 대표적인 생존과 생계의 수단으로 인식되었다. 해방 이후 안마에 종사하는 시각장애인보다 복술업에 종사하는 시각장애인이 압도적으로 많았는데, 전쟁 발발 후 개성 등지에서 점복업에 종사하던 사람들이 남한으로 대거 피난 온 탓이기도 했다. 또한, 당시 불안한 시대 상황으로 인해 시각장애인들의 복술 영업은 상당히 잘되는 편이었다고 한다.

염상섭의 소설 「취우」에는 이런 분위기가 잘 묘사되어 있다. 아들이 행방불명되어 장님집에 점을 보러 가는 마님의 대목이 나온다. "판수집에는 방 안에도 그득, 마루에도 그득, 새새이 영감쟁이도 끼어 앉았다. 딴에는 영하다니까 이렇게 꼬이는가 했더니…… 장님집에서 나온 두 여자의 얼굴은 환하였다. 맞든 안 맞든 시원한 소리를 들으니 살 희망을 새로 잡은 것 같다. ……좀 더 확실하고 좀 더 시원한 소리가 듣고 싶었다. 이 마님뿐만 아니라, 절망의 구렁에 허덕이는 서울의 시민은 마지막에 눈먼 장님에게서밖에는 한때의 위안도 희망도

82 _____ OH_08_019_송만협_08-01, p.13.

얻을 데가 없었다."[83]라는 부분에서 당시 점복업이 활발하게 이루어졌음을 알 수 있다.

안마의 경우, 식민지 시기에는 제생원에서 그리고 해방 이후에는 국립 맹학교에서 교육이 이루어졌다. 물론 맹학교는 국립 시설이었기에 경제적 지원이 있었지만 정규 교육을 받으려면 집안의 경제 사정이 어느 정도 여유가 있어야 학교에 다닐 수 있었다.

이렇듯 전통적 지식과 도제 교육에 의거해 생활을 영위하던 맹인 점복업자들과 국립 맹학교에서 제도 교육을 받고 기독교적 영향까지 받은 안마사들은 시각장애라는 공통의 분모에도 불구하고 상당히 차이가 있었고, 사회의 재편에 따라 간극은 점점 더 심해졌다. 해방 이후 제도권 교육이 안마사 교육으로 이루어졌으며, 한국전쟁 이후부터 들어오는 원조 물자와 구제 물품들은 주로 기독교계 시각장애인들과 제도권 시각장애인을 위한 것이어서, 물질적 자원과 교육 기회의 분배에서도 큰 차이가 발생하기 시작했고,[84] 맹인 점복업자들은 시각장애인 내에서도 소수화되기 시작했다.

한편 1963년 전국적으로 무당을 중심으로 한 '경신회'[85]라는 단체가 확산되면서 이들은 맹인 점복업자들과 경쟁 관계에 놓이게 된

83 ____ 염상섭, 「취우」, 『염상섭 전집』, 민음사, 1987.
84 ____ 한국시각장애인복지재단, 『한국맹인근대사』, 2004, p.96.
85 ____ 무당과 판수는 경쟁적 위치에 있었다. "맹인을 보면 재수 없다."라는 민간의 속설은 무당이 아침에 맹인을 보면, 무당보다 먼저 영업을 한 것이라 생각해서 자신들의 일감을 뺏겼다고 하는 데서 비롯되었다는 설이 있다.

다. 이후 역학업에 종사하는 시각장애인들도 국가로부터 인정받는 단체가 되고자 하여 법인 취득을 추진했다. 1969년 이후 당시 회장이던 박경원, 지중현, 이찬영 씨 등이 법인 설립 추진 위원회를 구성하고 1970년 법인 설립 운동을 시작했다. 그리고 1970년 문화공보부에 사회 단체 265호로 등록했다. 일종의 임의 단체였지만 대한민국으로부터 인정받은 단체라는 자부심이 시각장애인 사이에 존재했다. 이후 단체를 전국 규모로 활성화하고자 하여 자매 단체인 서울 북부, 인천, 김포, 강화, 원주, 부산, 경남, 경북에서 참석한 준비 위원 및 대의원 약 40명이 모여 사회단체 '대한맹인역리협회' 창립총회를 개최했다.

이후 사단법인 인가를 재추진했다. 당시 정안인 역술업자들은 사단법인 '한국역리학회'를 조직했고, 안마사 협회 역시 사단법인 인가를 취득했다. 사회 영역에서 단체 활동이 활성화되면서 사단법인이 설립되기 시작한 것이다. 1971년에는 '대한맹인역리학회'[86]란 명칭으로 법인이 설립되었다.

역리학회 설립을 위해서 투입된 자금은 약 80여만 원이었는데 자금의 대부분을 서울 지회에서 부담했고, 일부는 지방에서 제공했다.[87] 맹인 조합에서 사단법인을 설립해 조직을 공식화하고자 했던 가장 큰 이유는 조합을 합법적인 단체로 만들면 국가에서 인정을 받을 수 있을뿐더러 장기적으로 대학 설립 등 교육 활동을 활성화하고 시각

86 ____ 국가기록원 기록물 BA0136124, 「사단법인 맹인역리학회 등록」
87 ____ 김천년 앞의 책; OH_08_019_이찬영_08-01, p.40.

88

장애인들의 역리학을 활성화하는 것이 가능했기 때문이다. 따라서 이 법인을 통한 대학 설립 시도도 있었지만 성공하지는 못했다. 그럼에도 맹인 점복업자들은 지속적으로 사회 변화에 발맞추어 새로운 단체의 형식을 채택하고자 했다.

법인이 되면서, 우리가 아직까지도 그 소원을 완전히 이루지 못했지만, 사단법인 대한맹인역리학회 하면 학술단체가 될 수 있고, 학원 인가도 낼 수 있고, 재정만 넉넉하면 학교도 할 수 있는 거라 그 말이에요. 그래서 그 법인을 우리가 내가지고, 법인단체로 있어야지 임의단체로 있게 되면 경신회 때문에 우리로서는 힘을 못 쓰게 되니까, 걸핏하면 미신타파니 뭐니 하고 자꾸 정부에 이르기도 하니까, 이제 법인을 내가지고, 우리 역리업도 자격을 인정해달라고 그걸 싸웠던 건데, 그, 뭐, 교인(기독교인)들 반대에 부딪혀 가지고 그게 돼야지.[88]

현재 미아리[89]에 있는 성북 시각장애인 복지관을 운영하고 있는

88 ____ OH_08_019_이찬영_08-01, p.40.

89 ____ 시각장애인들은 해방 이후 남산 밑에 모여 점복업에 종사했는데, 광복 직후 이북에서 피난 내려온 맹인들이 "남산 지역을 영업장소로 선택한 것에 대한 이유로는 남산이란 자연 공원에 산책 나오는 사람들이 수없이 많았다는 점, 남대문시장이라는 큰 시장에 여러 상인들이 많이 모여들어 이곳을 지나다닌다는 점, 맹인들은 95퍼센트 이상이 이북에서 피난 넘어온 사람들로서 주로 해방촌 근처를 근거지로 두고 천막살이"를 하고 있었기 때문이다. 도시가 개발되면서 남산에 거주하

사회 복지 법인 '대한맹인복지회'는 점복업자들의 조합 활동을 기반으로 1990년대에 만들어진 것이다. 맹인역리학회라는 위상으로는 국가의 지원을 받는 단체로 운영하기 어려울 것이라 판단해서 시각장애인을 위한 복지관으로 전환해서 운영하기 위해 사회 복지 법인을 설립해 단체 운영을 하기 시작한 것이다.

여기서 역리학을 일종의 시각장애인 직업 교육으로 받아들여 강의하기도 한다. 맹인들은 "성인종시속(聖人從時俗)이랬다고, 그때그때 흐름을 잘 포착을 해서. 그래야 낙오가 안 되지."[90]라 생각하며 살아왔다. 고려시대에는 불교에, 조선시대에는 유교에, 식민지 시기에는 조합 활동 및 종교 단체 조직에, 해방 이후에는 사단법인 건립에, 그리고 1990년대에는 이를 복지관으로 전환시켜간 것처럼 말이다.

시대의 변천에 따라 제도의 외형은 계속 변화했지만, 조직을 운영하는 내적 원리는 지속적으로 유지되며 경제 활동을 유지해오고 있다. 한편 맹인 조합이 조선시대부터 관리했던 공동 재산으로 '맹청'이 있었는데, 영희전 터에 있었다고 전해지고 있다. 1910년 이후 맹청 건물을 판매한 돈의 일부와 단체의 구성원들이 일부 희사를 해서 종로

던 점복업자들이 60년대에 전차 종착점이 있던 미아리로 이주해 가서 미아리에 시각장애인 집단 거주지가 형성되기 시작했다. 현재도 이곳에서는 시각장애인 점복업자를 중심으로 운영되고 있으며, 성북시각장애인 복지관은 이 지역의 점복 시각장애인을 중심으로 형성된 기관이다. 현재 대한맹인복지회가 운영 중인 성북시각장애인복지관에서는 직업교육의 일환으로 역학교육을 실시하고 있으며, '소리사주'란 인터넷 사이트를 운영 중이다.-김천년, 앞의 책.

90＿＿ OH_08_019_이찬영_08-01, p.40.

공평동에 단체 사무실을 마련했다고 한다. 식민지기에 "목조 건물 20평짜리를 그 모은 돈 가지고서 사서 그것을 맹인 회관으로 사용"하다가 이후에는 "종로3가, 단성사 뒤에, 거기에 봉익동이라고 하는, 새 봉자, 날개 익자, 봉익동이라고 하는 동네가 있는데, 그 동네에다가 회관을 장만"했다.

한국 전쟁 이후 관리자였던 한 맹인이 회관을 팔아버리자 회원들이 항의하면서 기금을 다시 장만하고 이후 "종로3가 파출소 뒤, 장사동"에 다시 회관을 장만했다. 이후 다시 종로구 봉익동의 회관을 사서 운영하다가 1976년에 돈암동으로 이전해왔다고 한다. 이후 몇 차례 이사한 후 성북 시각장애인 복지관을 설립하게 된 것이다.

시각장애인의 공동 재산은 조선시대로부터 현재까지 계승되어온 것으로 볼 수 있는데, 이런 과정에 대해 이찬영은 "맹청에서부터 수백 년 내려오도록 사실은, 선조 대왕 적에 그렇게 한 번 도움 받았고, 그다음에 효종 때 한 번 도움 받았고 ……그 이외에는 단 한 번도 국가에 도움을 받은 것 없이 자체적으로 해결해 나왔어요."[91]라고 말하고 있다. 시각장애인 점복업자들이 민간에서 자생적으로 조직을 운영해왔음을 강조한 것이다.

---

91 _____ OH_08_019_이찬영_08-01, p.58.

문생 중심의 조합 운영과 경제활동

시각장애인의 조합은 사단법인으로 등록하며 공식적 조직을 결성했지만, 기존의 조합 운영은 문생을 중심으로 지속되었다. 조합을 운영하는 데 있어 가장 중요한 문제는 기금을 확보하는 것이었다. 시각장애인들은 단체 운영을 하기 위해 '금전취리' 즉 일종의 대출업을 통해 자금을 확보했다고 한다.

단체 운영을 위한 기초 기금 마련은 앞에서 언급한 송경금 제도를 통해 가능했는데, 조합의 운영 방식 역시 송경금에 기반을 두었다. 송경금은 독경하고 받은 사례비 중 일부를 조합에 내는 것으로 이렇게 마련된 기금을 대출하며 이자를 불리는 방식으로 자금을 마련했다. 이를 '월수 취리'라고 불렀다. 짧게는 다섯 달 월수에서 백달 월수까지 있었는데, 목돈을 구하기 어려운 맹인들이 집을 장만하거나 가게를 마련할 때 이용했다. '월수 취리'를 통해 "회원이 돈을 쓸 때는 아주 저리로, 1부로. 예를 들어 100만 원 쓰면 10만 원 붙여 가지고 몇 달에 나눠서 원리금을 내는 것. 100만 원을 쓰면 1부 이자"의 방식

○ 서울시무형문화재 제48호 서울맹인독경(서울시 문화재과 제공)

으로 운영되었다. 일수는 매일 매일 수금하는 것이고, 월수는 한 달에 두 번 받는 것인데, 일반 사회에 월수 방식이 확산된 것도 맹인들로부터 시작되었다고 한다. 이런 제도는 1970년, 1980년 가까이 이어졌다. 금융권에서 대출을 받기 어려웠던 맹인들은 이런 방식으로 목돈을 마련했다. 이자는 2부 혹은 1부 사이였다. 1960년대와 1970년대 당시 사채에 대한 시중 이자율이 대체로 3부 정도였던 것을 감안하면, 비교적 저리에 목돈을 융통할 수 있는 수단을 제공한 것이다. 월수 방식으로 운영을 하다 보면, "어려운 사람은 어려운 사람대로, 장사하는 사람들은 장사하는 사람대로" 비교적 수월하게 이자와 원금을 갚아나갈 수 있었다. 대출을 통한 목돈의 지급만이 아니라 조합원들에 대한 경조사비에도 기금이 활용되었다.

송경금을 이렇게 부조 목적으로 운영하는 것에 대해서 일부에서는 반대도 있었지만, 자금 활용 원칙들이 정착되면서 기금이 안정적으로 늘기 시작했다. 어느 정도 여유가 생겼을 때는 회원들이 누가 부모상을 당했다든지, 처상을 당했다든지, 부상을 당했다든지, 길흉사에 돈을 주었다고 한다. 이런 대출 활동이 1990년대까지 활성화되었다. "본인이나 처가 죽으면 지금 돈 100만 원이고, 부모가 돌아가시면 60만 원" 정도를 조합의 기금에서 제공했다. 하지만 현재는 이런 상호부조 활동이 다소 축소되어 있는 상태다.

해방 이후에는 최고 많게는 약 900여 명까지 있었대요. 재정부해서 ……재정은 구체적으로는 모르겠지만. 참, 집 사는 데도 보탬이 되고, 그래서 오죽하면 그 당시에는 은행에서도 맹인도가, 장님조합을 무시하지 못했단 거예요.[92] 없는 맹인들은 집을 사도, 그렇게 월수를 얻어가지고, 자기 월수를, 그렇게 해서 집장만들을 했어요. 그래서 회원이 6~700명, 7~800명 이렇게 됐을 적에도, 그 돈이 잘 늘어가지고, 회원들한테 집장만 하는 데도 보탬이 되고, 또 세 얻어 가는 데도 보탬이 되고 ……이렇게 해서 참 오랜 세월을 우리가 수십 년을 그렇게 해나왔던 겁니다.[93]

이런 금융 조합 운영은 점복 맹인뿐 아니라, 구걸 맹인들에게도 존재했다. 시각장애인들 중에는 안마업이나 점복업에 종사하는 사람

---

92 ____ OH_08_019_이찬영_08-01, p.81.
93 ____ OH_08_019_이찬영_08-01, p.58.

외에 구걸에 의존하여 생계를 유지하는 집단이 있었다. 특히 길거리에서 구걸하는 시각장애인들은 1983년 '협심회'라는 자활 단체를 조직했는데, 이곳에서 구걸을 해 모은 돈을 저축하고 관리하는 것, 그리고 기금 마련을 통해 회원들에게 대출을 실시[94]했다. 하지만 개별 구걸 시각장애인들은 각자의 통장을 갖고 있었으며, '돈놀이'를 할 경우에만 위탁하는 방식이었다고 한다.

협회는 은행과의 거래를 대행하는 역할을 했는데, 시각장애인들은 각기 다양한 직업 영역에서 이런 방식으로 조합 활동을 활발히 전개했다. 하지만 국가의 제도가 강화되고, 장애인들이 금융 영역에서 받았던 차별이 적어지면서 이런 영역도 다소 축소되었다. 이는 사회적 약자가 경제적 자조(自助)를 하기 위한 기초적인 자본을 모은 의미 있는 사례의 하나이지만 조합 운영이 공식화된 것은 아니었기에 세간에서는 단순한 '돈놀이'로 인식하는 경우도 적지 않았다. 장애인계에 이런 식의 사금융 조합 활동이 등장하는 것은 장애인들이 은행에서 대출을 받거나 통장을 개설하기 어려웠기 때문이다.

은행 통장 개설조차도 힘들었던 시절, 시각장애인들은 목돈을 마련하기가 너무도 어려웠다. 따라서 안마업에 종사하는 시각장애인들이 자조적 활동을 통해 금융 조합을 결성하기도 했다. 1983년 '서울 밝음신협'은 시각장애인 안마사가 중심이 되어 설립된 것으로 당시 자본금 1천백만 원과 조합원 2백9명으로 시작했다고 한다. 1994년

---

94 ____ OH_09_021_홍억수_06_01.

에는 조합원이 1천8백 명 정도로 늘어났다. 당시에 "장애인들이 일반 금융 기관으로부터 대출을 받기란 하늘의 별따기만큼이나 어려웠기 때문에 장애인들을 조합원으로 한 신협을 만들었다."고 황봉주 이사장은 말했다.[95] 이후 밝음신협은 복지관 투자 문제로 인해 흑자 상태에서 도산했다. 그러나 이는 전국 장애인 신협 운동의 모태가 되었고, 이후 부산의 장우신협, 대구·광주 지역의 장애인 신협을 탄생시킨 단초[96]로 작용했다.

부산의 장우신협은 시각장애인이 주축이 되어서 시작되었다. 이는 부산이 신협 운동의 발상지이기 때문에 가능[97]했을 것이며, 또한 시각장애인 내부의 자조적 공동체 문화와 전통이 영향을 주었을 것이다. 그래서 사회적 자원이 부족한 소수자인 시각장애인들이 중심이 되어 이런 활동을 펼칠 수 있었을 것이다. 장우신협은 부산 장애자신협으로 시작했는데, 설립 인가일은 1991년 1월 29일, 조합원 수는 430명, 총 자산은 738,828,000원이었다.[98] 시각장애인으로 국회의원이 되었던 정화원이 1990년대 부산 장우신협 설립의 주축 멤버이자 초대

95 ____ 「시력장애인 땀흘려 모은돈 건실한 신협 키워냈다」, 『동아일보』 1994.5.18.
96 ____ 「장애인 자본만들기」, 『에이블뉴스』 2012.5.11.
97 ____ 한국에는 식민지 시기 이래, 농협, 수협, 축협, 중소기협, 새마을금고 등 소위 협동조합이 있었지만, 이들은 관제적 성격을 갖고 있었으며, 신협운동만이 순수 민간주도의 협동조합이었다고 볼 수 있다. 신협운동은 부산에서 메리가별 수녀와 장대익 신부에 의해 1960년대에 구체화되었다. '협동경제연구회'를 시작했으며, 1960년 '성가신용조합'이 부산에서 창립되었다.
98 ____ 신협중앙회, 『한국신협50년사』, 대전:신협중앙회, 2011.

이사장이었는데, 그는 신협 운동을 '지역 주민과 장애인이 같이하는 것'이라고 말한다.

같이하는 거죠. 장애인 직원도 그 안에 있고. 실무를 맡아보는 사람들이 장애인이고 주로 이사장들이 장애인, 시각장애인들이 ……결국 시각장애인들이 만드는 거죠. 그러다가 다른 장애인들도 같이하게 된. 그러니까 제가 있으므로 인해 가지고, 도서관 만들고, 또 신협 만들고, 총연합회 만들고, 또 복지관. 시각장애인 복지관이 전국에서 처음으로, 지방에서는 처음으로 부산이 됐어요. 대출을 받아서 안마원을 하는 사람도 있었고, 뭐 구둣방을 하는 사람도 있었고. 지체장애인들은, 뭐 그 당시만 해도 시계방을 하는 사람도 있었고, 뭐 조그만 가게를 내는 사람도 있었고 ……아주, 다양하게 ……뭐랄까 재활을 했달까, 그 당시만 해도 사채만 해도 24퍼센트에서 36퍼센트까지 2부, 3부 그렇게 됐잖아요. 그 당시만 해도 그게 작은 거고. 5부까지도 쓰고 6부까지도 쓰고 그랬어요. 우리가 개인적으로 빌려 써도, 친한 사람한테 빌려 써도 통상 이자가 그랬다고. 그런데 연리 한 10퍼센트, 11퍼센트 ……낮추려고 무척 노력을 했었어요.[99]

공식적인 금융 기관을 이용하기 어려웠던 시각장애인들은 이처럼 신협 운동을 통해 소자본을 마련할 수 있었고, 비교적 성공적으

99 ____ OH_09_021_정화원_06_01, p.45.

로 자활할 수 있게 되었다. 이 모든 일은 이자를 낮추려는 신협 조직 운동가들의 헌신적인 노력이 있었기에 가능했으며, 이런 경제 활동이 활성화된 것은 맹인 점복업자들의 공동체적 경제 문화가 시각장애인계로 확산되고 영향을 주었기 때문이다. 특히 시각장애인계에서 이런 공동체의 금융 활동이 활성화될 수 있었던 것은 점복업자들의 조직이 경제 활동 중심의 문생과 학맥을 매개로 한 도제 제도를 기반으로 '이중적'으로 운영되었던 덕분이다.

시각장애인들이 문생에 가입하려면 추천을 받아야 했다. 이른바 엄격한 추천 제도를 거쳐야 했던 것이다. 조합에서는 '스승을 부모처럼' '군사부일체'로 인식하고 있었다. 가입자가 능력이 있으면 본인 스스로 가입해도 되지만 능력이 떨어질 경우에는 능력 있는 사람을 스승으로 인연을 맺어주는 방식을 택해 조합원의 경제적 활동을 활성화하게 했다. 일종의 도제식 학습과 후원 관계를 기반으로 새로운 신입 조합원들의 활동을 도운 셈이다.

독경을 할 경우에도 선생이 새로운 조합원을 같이 데리고 하는 방식을 택했다. 독경은 굿을 하듯이 이루어지는데, 수명의 점복인이 한 무리를 짜서 같은 문생에 있는 맹인 중 영업을 잘 하는 사람이 영업 능력이 떨어지는 맹인을 한 무리의 구성원으로 조직해서 독경을 하고, 수익금을 분배했다고 한다. 이렇듯 도제식 교육을 바탕으로 한 문생 활동과 경제적 활동인 조합 활동이 중첩되면서 조직 안에서의 규율을 확립해나갔다.

1문생, 2문생 이런 식으로 하는데 ……지방에는 각 문생이 수가 많지 않을 때는 단일 문생으로 형성되지. 그래서 맨 지도자 된 사람을 '영좌'라고 하고, 그다음이 ……원로들, 원로들이 있고, 젊은 사람으로 실질적으로 간사 같은 역할을 하는 사람을 별임이라고 합니다. 별임을 지나고 나면 간부가 되잖아? 영좌가 되는 거예요. 별임이 되기 전 사람들 중에서 젊은 '현업자'가 있고, 배우는 '학인'이 있고. 그래서 별임 이하의 사람은, 명절이나 이런 때 신년하례 같은 거 하잖아? 하례 같은 걸 하는데, 별임 이하의 사람은 아무리 나이가 많다 하더라도 별임 이상 된 사람하고는 자리가 틀려. 같은 방에서 서로 신년 인사를 큰절로 주고받는 것 있잖아요? 이것을 '동방배'라고 해요. 그런데 별임 이하의, 별임을 받지 못한 일반 사람들은 별임급 이상 사람들에 대해서 동방배를 못하고 단하에서, 문 밖에, 마루에서 방 안을 향해서 절을 하고 그렇게 인사를 했지요.[100]

도제 관계로 맺어진 조합 내에서, 영좌·원로·별임·현업자 및 학인 등의 위계질서를 바탕으로 규율은 강력하게 적용되었다. 과거에는 '직영 추송'이란 제도가 있어서 서울 조합에서 위법을 했으면 지방으로 쫓아 보내기까지 했다고 한다. 또한, 조합에 '세금' 내기 싫어서 기도를 숨어서 했다가는 조합에서 큰 벌을 받았다고 한다. 그래서 기도를 한 것에 대해 속이지 않았고, 오히려 과시하기 위해서 쉽게 속이지

---

100 ___ OH_09_021_양만석_06_01, p.17.

않았다고 한다. 조합원들이 자진해서 '세금'을 내기 때문에 조합을 운영하는 것이 비교적 용이[101]했다는 것이다. 문생은 선생님을 중심으로 일종의 유사 가족적인 관계인 '동문생' 관계로 촘촘히 엮여 있었기 때문이다.

맹인이 점복업에 입문하려면 특정한 스승을 정해 문하생 관계를 맺어야 했다. 스승의 집에 가서 살거나 통근하면서 각종 경전들을 암기하며 배웠다고 한다. 이런 학맥에 기초한 위계질서 체계는 새로이 시장에 진입하는 신규 점복업자들의 영업 활동을 보호하며 활성화시키는 기능을 했다. 이처럼 사적 금융 제도가 유지될 수 있었던 것은 공동의 재산과 공동체 안의 신뢰 관계가 존재한 덕분이다.

여기서 궁금증이 생긴다. 공동체의 상호부조와 호혜는 어떻게 가능했을까? 믿기 어려운 일이지만 핵심적인 원리는 바로 '공동체 간의 상호 신뢰'였다.

이런 신뢰가 작동하는 원리에 대한 설명으로, "세민(細民) 측에서 본다면 자신들의 대출, 그리고 상환이 이 시설을 지탱하고, 거꾸로 이듬해 자신들의 생계를 지켜주는 '밑천'이기도 한 것이므로, 정확히 상환하는 것은 자신들의 생계를 포함한 지역 세대들의 생계에 대한 상호부조적인 책무이기도 하다고 의식하게 될 것이다. 이러한 경로를 통해서 지역 세계에서 일상적인, 생활 현장에 직결된 상호 신뢰, 그 상호 신뢰에 대응하고자 하는 윤리적 의지를 기르고, 거기에서 '민간'이

---

101 ___ OH_08_019_이찬영_08-01, p.58.

라는 공공의 공간이 실질적으로 숨을 쉬기 시작하는 것이다."[102]라는 시각이 있다. 시각장애인들의 조합 활동은 지역 사회에 기반을 둔 공동체가 아닌 직업 집단의 조합으로 민간의 집단 내에서 상호 신뢰를 구축해간 사례라고 볼 수 있다.

공동체의 운영에서 점복업자의 선임자들은 조합에 '세금'을 많이 내는 방식으로 기여했기에 조합에 적을 오래 두고 있던 사람들을 위한 연금 제도를 고안하기도 했다. 1989년에 맹인 조합의 회장이 된 이찬영은 "문생 식구들을 찾아다니면서, 녹음기를 가지고 다니면서 여론을 수집을 해서, 반대하는 사람들은 설득을 시키고, 그렇게 해가지고서는 이제 그야말로 말마따나 별 파란이 없이 다수가결로 결정을 봐가지고 연금법을 만들었다."고 한다. '입회한 지 30년, 나이로는 65세 이상'일 경우 기념총회 날 지급하곤 했다는 것이다. 이후에는 연령을 70세로 높이고 입회 연조는 25년으로 바꾸는 등 변화가 있었지만 조합의 재정 증식이 곤란을 겪으며 중단[103]되었다. 한편 이런 상호 상부하는 경제 활동은 1990년대 후반 신용카드 제도가 확대되면서 점차 축소되었다. 공동체를 매개하지 않고, 개인이 비교적 용이하게 대출을 받을 수 있는 제도가 생기면서 공동체적인 호혜 관계가 축소된 것이다.

102 ___ 木下鐵矢, 『朱熹再讀』, 知泉書館, 2007; 미야지마 히로시, 『미야지마 히로시, 나의 한국사 공부』, 너머북스, 2013, p.329 재인용.

103 ___ OH_08_019_이찬영_08-01.

작은 이들의 연대와 호혜

사회에서 열악한 위치에 있는 맹인들이 조합이란 형식으로 협동적인 경제 활동을 할 수 있었던 것은, 집단 내의 신뢰와 호혜적 관계가 활성화되어 있었기 때문이다. 학맥을 기초로 한 위계질서 체계 내에서는 평판이 중요하게 작용하므로 모든 조합원이 '세금'을 자발적으로 내고 대출금을 제때 상환함으로써 상호부조적인 전통을 가능하게 했다.

시각장애인들은 조선시대 문생(계)로부터, 맹인역리대성교, 사단법인 대한맹인역리학회, 대한맹인복지회, 성북 시각장애인복지관으로 제도적 외연을 달리하면서 신뢰와 호혜에 기반을 두어 자신들의 내적 조직 원리를 유지해왔다. 하지만 개인화의 심화, 국가 관리의 체계화, 그리고 장애인에 대한 사회적 차별의 약화로 인해 공동체의 상호부조적인 문화는 다소 퇴색되었다.

그러나 맹인 점복업자들의 조합 활동을 통한 협동적 경제 활동의 사례는 사회적 약자 집단의 생활 세계의 자생성과 생명력을 보여주기에 충분하다. 시각장애인의 점복업 의례는 현재 서울시의 무형문화재로 등록되어 있다. 맹인 점복업자 조직의 자생성과 전통의 유지는 전체 시각장애인이 집단으로서 권리를 주장하는 데에도 기여했다. 2007 년 안마사업 독점에 대한 위헌 판결이 있었을 때, "우리나라도 조선 시대부터 복술업을 시각장애인에게만 할 수 있도록 정하였습니다. 그 후 일제 강점기를 거치면서 시각장애인의 유보업은 안마가 되었습니다. 유보업의 중요성은 조선 양반이나 일제도 알았던 것입니다. 과거에 유보업은 대단한 것으로 시작된 것이 아닙니다."[104]라며 시각장애인의 안마사업이 정부에 의해 보호를 받는 것이 관습법적 측면이 있다는 주장의 논거가 되기도 했다.

이는 시각장애인들이 1960년대부터 지속적으로 안마업권을 생존권으로 주장할 수 있었던 역사적 자원으로 기능했는데, 시각장애인들은 맹학교의 교육 및 여러 경로를 통해 맹청에 관한 이야기를 들으면서 전통 시대에는 시각장애인을 보호했다는 말을 전해 들었다. 그리고 미신타파를 하더라도 시각장애인에 대한 취체는 하지 않았다는 이야기를 들으면서 맹인 점복업자들의 직업 조합 유지 활동이 시각장애인들의 적극적인 권리 의식의 사상적인 기반이 된 측면이 있다.[105]

시각장애인 점복업자들은 계, 문생 등의 전통적인 조직이 조합으로 전환되며 소수자의 사회적 연대를 지속해갔다. 이는 한국 사회의 급속한 변화 속에서도 소수의 집단이 자신들의 독특한 조직 원리를 통해 집단적인 경제 활동과 문화를 형성하며 생존을 가능하게 한 사

---

104 ___ 전국시각장애인청년연합회, 「헌법재판소반박문」
105 ___ OH_09_021_양만석_06_01.

례로서 사회의 질서가 다층적으로 존재한다는 사실을 잘 보여준다. 또한 맹인 점복업자들의 조합을 통한 호혜와 상호부조의 역사는 소수자의 역사가 단순히 차별과 배제의 역사가 아니라 한 사회의 지배적인 질서를 낯설게 볼 수 있는 시점을 제공한다는 것을 시사한다. 그리고 이런 호혜성의 역사를 바탕으로 시각장애인들은 자신들의 정체성과 집단을 유지했다. 다음 장에서는 식민지 이후 점자가 만들어지고 근대적 특수교육이 시작되면서 시각장애인들이 근대 사회에 편입되어가는 과정을 살펴볼 것이다.

3장

맹인과 함께 만든
한글점자, 훈맹정음

한글점자인 훈맹정음은 1926년에 만들어졌다. 조선총독부의 자혜 구제 기관이었던 제생원에서 교사로 활동했던 박두성이 한글점자를 학생들과 함께 만들어 전국의 맹인들에게 보급했다. 근대로의 전환 과정에서 맹인들은 암흑 속에 있는 것으로 논의되며 새로운 문자 중심적 사회에 적응하지 못하는 것으로 논의되었다. 그래서 점자의 도입과 보급은 근대 특수교육의 핵심적인 과제였다.

이 글에서는 훈맹정음이 창제되고 보급된 맥락을 보다 잘 이해하기 위해 우선 식민지기의 조선어 정책과 교육 방침을 검토하고, 당시 맹인들의 사회적 지위와 교육, 전통적인 지식 습득 방식, 제생원에서의 교육과 점자의 근대적 위상을 살펴본 후, 박두성의 점자 창제와 보급 과정을 탐색할 것이다. 맹인이 점자를 익히게 되는 문화적 맥락에서 구술문화로부터 문자문화로의 이동 및 변화[106]라는 측면, 그리고 문맹타파라는 사회적 흐름을 간과할 수 없다. 이 모든 과정 안에서 한글점자가 만들어졌기 때문이다.

---

106 ___ 월터 J. 옹, 임명진 외 옮김, 『구술문화와 문자문화』, 문예출판사, 1995.

식민지기의 맹인 교육과 전통적 교육

식민지기 조선에서의 맹인과 맹인 교육

전통시대에 맹인들이 지식을 습득하는 방식은 주로 도제식으로 교육을 받는 것이었다. 그래서 식민지기의 맹인 점복업 관련 광고 전단에 종종 "○○맹인 선생에게서 교육을 받았다."는 내용이 빈번하게 등장한다. "중년에 장님이 되어 눈을 떠볼 생각으로 황해도 구월산에 들어가 백일기도를 올리고 있는데, 그 산의 '신령'님이 '너는 세상에 나가서 인간의 길흉화복을 판단해주어라' 하고 말씀하시매 고명한 '유공' 선생을 만나 복술을 배웠습니다."[107]라는 광고에서 보듯 일련의 공부와 훈련 과정을 통해 판수가 될 수 있었다. 이들의 교육은 주로 청각에 의지한 구전과 암송 방식이었을 것으로 추측된다.

한편 맹인들은 전 이외에도 기억을 돕기 위해 숫자와 책력을 외우

---

107 ___ 村山智順, 김희경 옮김, 『朝鮮의 占卜과 五言』 동문선, 1990, p.118.

○ 시각장애인들이 절기를 알기 위해 사용했던 죽력(竹曆). (대구대 소장)

는 기호 도구를 개발했는데, 중부 이남의 맹인들은 죽력(竹歷)을 개발해 사용했다. 2.2센티미터 정도의 넓이와 15센티미터 정도의 얇은 대나무 막대기에 정해진 약속 부호를 따른 월, 절기, 일후 등을 새겨 외우기도 했다. 중부 이북의 맹인들은 목판에 주역에 나오는 괘를 선으로 표시해 사용하기도 했다.[108]

점자의 창제자인 박두성은 "대구 어느 예배당에는 일요일이면 석유 궤짝을 지고 왔다 가는 사람이 있었다. 그는 소경이었다. 생철을 여러 가지 모양으로 오려서 구멍을 뚫어 노끈에 꿰어 궤짝에 담아 가지고 다니는 것이다. 이것은 그의 성경이었다. 마태 몇 장을 읽자고 하면 남들이 책을 펴는 대신에 그는 '생철궤치'를 뒤적거렸다."[109]라고 기

108 ___ 강현진, 「송암 박두성의 시각장애 교육활동」, 단국대학교 교육대학원 석사학위 논문, 1998.
109 ___ 박두성, 「한글점자에 관하여(훈맹정음)」, 『성서한국』 제2권 제2호, 대한성서공회, 1956, pp.10-19.

록했다. 서구에서도 근대적인 점자가 발명되기 전, 맹인들이 기록할 수 있는 매체들이 여럿 발달해 있었다.

하지만 개화기 이후, 사회의 급속한 변화로 인해 이들의 삶의 기반은 하나둘 흔들리기 시작했고, 근대적 교육을 통해 새로운 사회 변화에 적응할 기회가 절실하게 되었다. 신문이나 교과서 등 인쇄 매체의 활성화와 문자를 통한 정보 활동의 양이 증가할수록 시각장애인들은 변화의 홍수 속에서, 그리고 근대적 교육 기회의 수혜로부터 소외되었다. 전통사회에서는 판수가 세계에 대한 일종의 해석자 역할을 하거나 생활의 지혜를 나누어주는 역할을 담당했지만, 각종 매체와 교통의 발달로 인해 과학적인 지식과 정보가 체계적으로 유포되면서 판수의 역할은 자리를 잃게 되었다.

이에 대해 임안수는 기독교의 전래, 학교의 설립, 신문 등 매체 발달, 의학의 발달, 교통의 발달로 인해 변화가 발생했다고 주장했다. 이성과 논리를 중시하는 과학적이고 합리적인 서구식 사고가 전파되면서 과거에 '불가사의(不可思議)'하다고 여겼던 현상마저 분석적으로 바라보게 되었고, 교통수단이 발달함에 따라 옛날 사람들이 길을 떠날 때마다 두려워했던 각종 악령의 존재에 대한 두려움도 사라지게 [110] 되었다.

구술을 통한 문화에서 문자를 통한 문화로의 전환은 비단 맹인에게만 발생한 것은 아니다. 대부분의 민중 역시 구술문화에서 문자문

---

110 ___ 임안수, 「한국 맹인 직업사 연구」, 단국대학교 박사학위 논문, 1986, p.60.

화로의 전환에 적응해야 했다. 기억에 의지하는 구술문화와 달리 문자문화로의 전환은 일정한 사고 체계의 전환을 야기했다.[111] 당시 일반인들 사이에도 문맹 퇴치 운동이 활발하게 벌어지면서 문자를 익히는 운동[112]이 전국적으로 발생했다. 근대적 문자 매체의 보급이 근대화의 중요한 지표로 부각되면서 근대의 타자인 미해독·문맹을 타파하기 위한 노력이 다방면에서 일어났다. 언론사가 주도한 문맹퇴치 운동도 시작되었는데, 『동아일보』 사설에서는 "아마도 한 고을의 7할의 인민은 문맹의 상태에 있고 9할 이상은 비위생적 비보건적 상태에 있을 것이다. ……이런 사회악을 방출하는 사회만을 저주하려느뇨. 제군은 모름지기 양심상 충정상 이에 동정적 봉공적(奉公的) 정신이 발로하지 않으면 안 될 것이다."[113]라고 주장했다. 1930년대에는 매년 100만 부 정도의 교재를 가지고 5~6천 명의 학생들이 '문맹 퇴치'에 나섰다.[114]

'문맹(文盲)'이란 단어가 보여주듯, 문자를 해독하지 못하는 것은 일종의 불구적인 상황으로 인식되었으며, 따라서 맹인은 근대의 타자로 인식되었다. 문맹자를 '글의 소경' '눈뜬 소경'으로 풀어 쓰는[115] 등

111 ___ 월터 J. 옹, 임명진 외 옮김, 『구술문화와 문자문화』, 문예출판사, 1995.

112 ___ 박정우, 「일제하 언어민족주의: 식민지 시기 문맹퇴치한글보급운동을 중심으로」, 서울대학교 언론정보학과 석사학위 논문, 2001.

113 ___ 「봉공적 정신을 함양하라」, 『동아일보』 1931.7.16.

114 ___ 정진석, 『문자보급운동교재』, LG 상남언론재단, 1999.

115 ___ 한만수, 「식민지 시기 검열과 1930년대 장애우 인물 소설」, 『한국문학연구』 제29권, 2005.

맹인의 은유[116] 또한 적극적으로 활용되었다. 1920년대와 1930년대에 펼쳐졌던 문맹 퇴치 운동에 대해 기독교도 매우 적극적이었다. 야학과 성경 학교 등을 통해 문맹 퇴치 운동이 이루어졌고, 운동의 결과로 성경이 보급되고 선교 활동이 활발해졌다.

한편에서는 맹인을 은유의 대상으로 간주하는 데서 그치는 것이 아니라 실제로 글을 읽을 수 있도록 가르쳐야 한다고 주장했다. 일례로 미국 출신의 선교사 로제타 홀은 개화기부터 한글점자를 도입해 맹인 여아에게 글자를 가르치기 시작[117]했다. 뉴욕 출신의 의료 선교사인 로제타 홀은 어린 시절 미국에서 어머니의 영향을 받아 맹인에 관심을 갖기 시작했다고 한다. 로제타 홀이 한글점자를 위해 참고한 것은 뉴욕 포인트식 점자였다. 점자는 단일한 기준으로 만들어진 것

---

116 _____ 개화기에 근대문명과 개방에 대한 사회적 요구가 증가하면서, 두 눈이 밝으면서도 학문이 없어서 못 보는 사람과 사지가 멀쩡하면서도 아무 활동도 하지 않는 사람들을 '소경' '귀머거리' '앉은뱅이'라 칭하며 비판하는 경향이 시작되었다. 개화기의 신소설 중 「쇼경과 안즘방이 문답」은 대한매일신보에 무기명으로 연재가 되었는데 복술을 하는 소경과 망건을 짜는 안즘방이의 대화로 이루어져 현실에 대한 풍자가 신랄하게 제기되었다. 신체적인 불구자를 내세워 정신적인 불구자를 깨우치고자 하는 의도로 쓰인 신소설이었다.-최종순, 「개화기 무서명 소설 연구」,『목원국어국문학』 제2권, 1992; 김영택, 「개화기 무서명(無署名) 소설에 나타난 현실비판양상」,『先淸語文』 제24권, 1996.

117 _____ 「조선에 몸을 밧친 홀 부인의 류십평생, 맹아를 위하여 點字 발명 [肯: 조선옷을 입을 홀부인]」,『동아일보』 1926.10.17.; 「일생을 조선에, 허울 부인 (三) 씨의 세운 맹아교가 동양에서 처음, 조선문점자도 그가 맨든 것」,『동아일보』 1930.11.13.

이 아니라 다양한 문화에서 각각의 방식으로 개발되었는데, 뉴욕 포인트식 점자도 그중 하나다.

뉴욕 포인트식 점자는 윌리엄 벨 웨이트(William Bell Wait, 1839~1916)에 의해 개발된 것으로 4점식 점자였다. 6점식 점자였던 브라유식 점자에 비해 점수가 작아서 보다 경쟁력이 있다고 초기에는 생각되었지만, 브라유식 매체가 지배적이어서 점차 사용되지 않게 되었다.[118] 로제타 홀은 뉴욕 포인트식 점자와 브라유식 점자를 비교해본 후 한글 사용에 뉴욕 포인트식 점자가 적합하다는 판단을 내렸던 것 같다. 점자를 이용해 주로 읽혔던 것은 성경책, 초등 독본, 기도문, 십계명[119] 등이었다. 점자 교재는 주로 평양 맹학교의 교사들이 자체 제작했던 것으로 보이는데, 교재 제작이 체계적이지 않았기에 교재 확보에 많은 어려움이 따랐다. 그러다 보니 평양 맹학교 역시 제생원에서 제공하는 총독부 계열의 교재를 사용할 수밖에 없게 되었다.[120] 평양 맹학교의 교사들 역시 영어나 한국어만으로 수업을 진행했지만 점차 교과서와 교재의 문제로 인해 일본어 교육을 도입할 수밖에 없었다.

4점식 한글점자는 1930년대 초반까지 쓰였다고 한다. 1925년에는 평양 맹학교 출신으로 부인병원에 근무 중인 조배녀가 여성들에게 점

---

118 ___ http://en.wikipedia.org/wiki/New_York_Point.

119 ___ Woman's Foreign Missionary Society of the Methodist Episcopal Church, "The School For Blind Girls", Fifty Years of Light, Seoul, 1938.

120 ___ 김천년, 『맹인실록』, 미간행원고.

자 교육을 실시한다는 공지[121]가 신문에 게재되기도 했다. 이후 평양 맹학교 졸업생이 중심이 되어 맹인 여성들에게 점자를 교습했는데, 평양식 점자로 제작한 도서는 주로 성경 등 기독교 관련 계열이었다. 하지만 뉴욕 포인트식 점자는 체계적이지 않고, 한글의 특성인 초성과 종성의 구별이 없으며, 지나치게 많은 분량의 점자가 필요하다는 점 등 극복해야 할 여러 문제가 있었다.[122]

제생원의 교육과 일본점자

조선총독부는 수립 초기부터 시각장애인에 대한 교육을 실시했다. 이는 첫째로는 조선총독부의 근대적 성격을 강조하기 위함이고, 두 번째로는 서양 선교사들에 의해 이미 시각장애인 관련 교육이 실시되고 있었기 때문이다.[123] 이런 상황에서 1910년에 천황은사금을 재원으로 삼아 제생원을 설립하여, 맹인과 아인에 대한 교육과 양육을 실시했다. 교육은 문자/언어 교육과 직업 교육으로 이루어졌는데, 일본 맹인들의 대표적인 직업이었던 안마업을 조선에서도 교수하기 시작했다. 당시에 맹인들에게 점자를 교수하는 것은 일종의 근대적 문명의

---

121 ___ 「點字法敎授 눈먼안악네에게」, 『동아일보』 1925.3.30.
122 ___ 강현진, 앞의 글.
123 ___ 주윤정, 「慈善과 慈惠의 競合: 식민지기 '盲人' 사회사업과 타자화 과정」, 전기사회학대회 발표문, 2008.

상징적 사건처럼 보였다. 「불구자(不具者)에게도 새로운 광명(光明), 신기(神奇) 대신기(大神奇)! 맹자(盲者)의 눈뜨는 방법(方法)」이라는 잡지 기고문은 점자 교육이 당시 상황에서 대중에게 어떻게 인식되었는지 잘 보여준다.

이 세상에 누가 불상하니 누가 불상하니 하야도 압 못보는 사람처럼 불상한 사람은 업슬 것이다. 다가튼 사람으로도 눈 한가지가 업는 까닭에 남과 가티 광명한 천지를 보지 못하고 다만 암흑한 속에서 음향과 촉각으로 이세상의 사물을 감각하고 인식하야 생을 보존할 따름이엿다. 심청이 가튼 효녀를 저마다 두엇스면 엇덜지 모르지만은 그럿치 안은 이상에는 아모리 천재가 비범한 인물이라도 공부하랴 할 수가 업고 따라서 벌어먹을 길도 업다. 그러함으로 이때까지 그들의 배우고하는 직업이라는 것은 다만 미신적의 문복이나 경을 읽는 것뿐이엿다. 그것도 넉넉한 사람은 자기집에 잇서서 그런 일을 하지만은 그럿치도 못하고 어려운 사람들은 세발막대를 맛아들보다 더 중히 녁이고 압당을 삼어 노상(路上)으로 도라다니며 고함을 치고 문복하기를 애원하다가 엇던 때에는 불량소년들에게도 '장님XX이 멧쪽이요……' 하는 조소까지 바더가며 가련한 일생을 보냇다. 그러나 문명(文明)의 은택(恩澤)은 그이들에게도 밋쳐서 아모리 눈이 업는 그들이라도 보통사람과 다름업시 눈을 뜨고 살게 되엿다. 그것은 다른 것이 안이라 곳 점자법이다. (지면에 뚤인 구녕을 손으로 집허 글자 알어내는 법) (중략) 현재 조선에서도 이 철자법을 조선문과 일본문으로 고쳐서 온갖 학문을 가르키고 잇다. 이 외에 숫자-이것은 어느 나라든지 가튼 철법-와 영어, 불어, 독어도 넉넉히 배흘 수가 잇는 것이다. 맹인(盲人)에게도 이러한 광명(光明)이 잇는 것을 모르고 비관과 한숨으로 지내는 이가 얼마나 만흔가. 그러나 이제로부터 이러한 것을 몰랏든 사람은 빨이 이 광명(光明)을 차저볼 것이다. 벌서 그들은 불구(不具)를 탄식하고만 잇슬 때가 안이다. 그들도 완전한 지식을 엇고 완전한 사람이 되게 되엿다.[124]

맹인 교육에서는 점자를 익히게 하는 것을 눈 뜨는 행위에 비견하여 강조했다. 앞에서 말한 것처럼 맹인은 단순히 신체적으로 눈이 보이지 않는 것뿐만 아니라 글자를 모르는 것, 즉 문화적인 능력까지 포함한 표현이 되었다. 그래서 점자를 익히는 것을 광명(光明)을 볼 수 있는 것으로 인식했고 '완전한 사람이 될 수 있는' 기회로 받아들었다. 더욱이 맹인이 점자로 숫자는 물론 여러 나라의 문자를 익힐 수 있다는 것이 놀라운 사실로 보였다. 그래서인지 1915년 경성에서 열린 조선물산공진회의 제생원에 대한 전시 코너에는 점자를 읽는 학생들의 모습이 모형으로 만들어져 전시되기도 했다. 조선물산공진회는 식민지 통치 5년간의 '발전(發展)/진보(進步)'를 선전하는 장으로 조선총독부의 '문명적 통치'의 여러 양상을 시각화하여 식민 통치

124___ 朴勝進, 「不具者에게도 새로운 光明, 神奇 大神奇! 盲者의 눈뜨는 方法」, 『별건곤』 제20호, 1929.4.1.

○ 조선물산공진회에 전시된 시각장애인들의 점자 읽기.(조선물산공진회 보고서.
   1915)

를 합리화하는 장치였다. 이런 전시에서 점자를 읽는 학생들의 모습
이 실물 크기의 모형으로 만들어져 전시되었다는 것은 주목할 만한
일이다. 조선총독부 역시 점자를 문명적인 장치로 인식했음을 보여주
는 증거이니 말이다.

점자는 근대에 새로이 소개되는 문물이어서 당시 신문에서도 점
자에 대한 기사를 심심치 않게 찾아볼 수 있다. "우리 눈밝은 사람들
은 눈으로 글을 읽지만, 장님은 점자를 이와 같이 손끝으로 어루만져
서 읽습니다. 손끝이 감각이 눈을 대신하는 것입니다."[125]라며 점자의
역할을 소개하는 기사도 있었고, 영국에서 점자 도서관이 개관되었
다는 소식을 통해 '점자=서구의 선진적 문물'로 인식함을 보여주기도
했다.[126] 한편 일본에서나 조선에서는 투표할 때 맹인들이 점자로 투표

---

125 ___ 『동아일보』 1935.3.1.
126 ___ 「런던에 새로 생인 맹인용(盲人用) 대도서관(大圖書館)(런던)」 『동아일보』

하는 경우가 있었는데, 점자 투표가 실시된다는 사실들도 신문에 소개[127]되고는 했다.

맹학교의 조선어 교육은 완전히 폐지되지 않았다. 김천년은 조선어 시간에 대해서 일인들이 대반대하는 것을 한국인 교사들이 "정확한 일본말을 배우자면 우선 조선말을 배워야 합니다."라는 이유를 내세워 조선어 교육을 실시했다고 전한다. 일본어를 배우기 위한 수단으로 조선어 교육이 옹호되었다는 것인데, 언어 습득에서 맹인의 특수한 상황이 인정된 것이다. 조선어 교육 주장을 적극적으로 내세웠던 교사는 1938년 초에 맹아부로 이임해 온 전태환 교사였으며, 3학년 때에는 전규종 선생이 조선어를 담당했다.[128] 당시의 일본어와 조선어 교육 상황에 대해 김천년은 다음과 같이 적고 있다.

우리말도 변변히 구사 못하는 아이들을 앞에 놓고 입학 전형 형식으로 부장이 직접 물어 보는 내용은 "여기까지 걸어서 왔느냐? 타고 왔느냐?" "하나에서부터 열까지 세어 보아라" 하고 일본말로 물으면 옆에서 한국인 선생님이 통역을 해주어서야 어떤 아이는 맹인 독특한 목소리로 너무 크게 소리를 질러 대답하는가 하면 또 어떤

1936.6.11.

127 ___ 「激戰の跡を物語る盲人の點字投票/ 岡崎氏の落選は大番狂はせ春川の棄權三十七名」, 『京城日報』 1935.5.2.; 「大邱の投票率空前の好責 /點字が一枚ローマ字も二枚惡戱投票更になし」, 『京城日報』 1935.5.24.

128 ___ 김천년, 앞의 책.

아이는 기어 들어가는 음성으로 무어라 중얼거리는 형편이었다.

이런 정도의 학동들에게 일 학기 때부터 대번에 젠또오 꼬쓰, 꼬오 또오고쓰 하고 가르쳤으니 이를 우리말로 전두골, 후두골이라고 가르쳤더라도 무슨 소리인지 전혀 모를 해부학 명칭들이었다. 교육학에서 주장하는 최신 학습에 의하면 특히 초등교육에서는 흥미 본위의 또는 능력 본위라 하여 이를 무시하는 교육은 교육이라 볼 수 없다고까지 극언하는 학자들이 있지만 우리 맹인계의 제생원 시절에는 소금 가마니를 물로 끌어들이라고 해도 그것은 지상명령으로 알고 그대로 따르는 수밖에 없었다. 『해부대요』라는 책은 대충 점자지로 70장, 『생리 대요』는 한 30장, 『병리대요』는 50여 장의 부피를 가진 책들이었는데 때에 찌들은 손들에 의해서 애꿎은 책장들만 고달팠다. 학습의 최상의 효과는 완전 학습이라 하여 그 반은 전원이 배우는 것을 완전히 알고 넘어가야 한다지만 이는 이상뿐이고 실제에 있어서는 거의 불가능이다. 그때에도 어떤 아이들은 일 학년 국어책 1권의 둘째 장도 넘겨보지 못하고 일년내내 첫 페이지에서만 손가락이 맴돌다가 학년을 넘기고 이런 식으로 3년 동안을 뭉개다가 졸업장을 받아 가지고 나갔다.[129]

맹인들이 일본어를 익히는 데 많은 어려움을 겪었음을 보여주는 대목이다. 특히, 안마 교육을 위한 필수 과목인 해부학 강의가 일본

---

[129] ___ 김천년, 앞의 책.

어로 진행되는 경우에는 학생들의 어려움이 증폭되었을 것이다. 어려운 단어들이 많아 조선어로 설명해도 이해될까 말까 한 내용을 일본어로 익히는 것은 결코 쉽지 않았을 것이다. 그러니 김천년의 지적처럼 국어책(일본어 교과서)을 제대로 넘겨보지도 못하고 졸업하는 경우가 허다했을 수밖에 없다. 식민지기 초기, 조선인들에게 일본어 습득을 위한 수단이자 일상어로 조선어가 교육되었듯이 맹인들에게는 조선어의 도움 없이는 안마사가 되기 위한 해부 등의 의학 관련 과목을 배울 수 없었다.

박두성은 이런 상황에 대해 "당시의 소위 국어(일본말)급 조선어라는 과목으로 명칭만을 두었을 뿐 한국어의 대우는 훨씬 박해졌다. 즉 조선말은 다들 알고 있는 것이니 부족한 시간에 일본말을 조금이라도 더 가르쳐서 영업(일본인을 상대로 한 침안업)에 이바지하게 해야 한다고 해석되었던 것이다."[130]라고 말했다. 제생원 내에서 조선어 교육과 일본어 교육에 대해 교사 간에 갈등이 있었음을 추측할 수 있는 대목이다. 하지만 앞의 김천년의 글이 제시하듯, 일본어를 통한 의학용어 습득은 맹인들에게 무척 어려운 일이었다.

---

130 ___ 박두성, 앞의 글, 1956, pp.10-19.

박두성의 교육활동과 훈맹정음(訓盲正音)

이런 맥락에서 제생원에서 교사로 활동하던 박두성은 조선인을 위한 적절한 문자 교육의 필요성을 느껴서 한글점자를 개발하기 시작했다. 박두성은 강화도 교동 출신으로 한성사범학교를 졸업한 후, 1908년부터 어의동 보통학교에서 교사로 재직했다. 1913년부터 제생원 맹아부에서 교육을 시작했는데, 이는 맹인에 대한 관심을 가지고 이직한 것이 아니라 총독부에서 보다 나은 생활 조건을 제시해 이직한 것[131]이었다.

당시 제생원 맹아부에는 4명의 일본인 교사가 재직하고 있었다.

---

131 ___ 내가 어의동 보통학교 훈도로 있을 때 총독부에서 기독교인으로 훈도 자격자를 구하다 보니 내가 택해졌고 나는 봉급생활을 위해 응해서 제생원으로 온 것뿐입니다. 그러나 일단 인연을 맺고 보니 내가 해야 할 꼭 필요한 일이 있어서 했고 또 우리글을 점자로 만들었고 내가 믿는 하느님을 앞 못 보는 분들에게 소개하지 않으면 안 되겠기에 성경을 찍게 된 것이오. -이상진의 회고. 강현진, 앞의 글, 1998, 재인용.

맹인 교육이 시작된 후 학생을 모집하려 했지만, 제생원이 맹인을 죽여버리려는 의도에서 만들어진 것이라는 풍문이 돌아 학생들이 잘 모집되지 않았다. 박두성은 전국을 돌며 맹인 학생을 모집하기 위해 노력해[132], 맹인들이 제생원에 찾아와 교육을 받을 수 있도록 설득했다.

그는 제생원 훈도로 재직하면서 점자에 관심을 많이 기울였는데, 1917년에는 『반도시론 (半島時論)』에 「반도맹아의 교육」이란 글을 기고하면서 일본점자의 방식을 설명했다. 박두성이 조선 내에서 통용되던 점자 방식에 대해 깊이 연구를 했음을 알려주는 부분이다. 이 글에서 그는 특히 당시 평양에서 사용되던 로제타 홀의 점자에 대해 언급하며 제생원에서는 일본점자를 기본으로 하는 6점 점자를 쓴다고 적었다.[133] 추후 박두성은 로제타 홀에게 프랑스 브라유(Braille)식의 6점형 점자로 한글점자를 고치자고 제의했으나, 홀 부인이 뉴욕 포인트식 점자로 일본점자 안까지 만들어 보내며 반대 의사를 표시하는 바람에 박두성은 독자적으로 브라유식 한글점자를 개발했다.[134] 점자를 개발하게 된 원인은 박두성이 교육의 중요성을 믿고 있었기 때문이었다. 그는 당시 교육을 강조하는 애국계몽운동의 영향을 받은 듯, 글을 읽는 것과 지식을 습득하는 것을 매우 강조했다. 교육은 당시 실력

132 ___ 박병재, 「훈맹정음의 창안자, 박두성전」, 『신동아』, 1970, pp.314-353.

133 ___ 박두성, 「반도맹아의 교육」, 『반도시론』, 제1권 제2호, 1917.

134 ___ 김승국, 「한글점자의 변천」, 『特殊敎育要求 兒童硏究』 제8집, 1999, p.4.

양성론에서 강조하는 대표적인 영역이었다.

세상은 진보하여 그치지 아니하매 예 사람이 오늘 형편을 짐작하지 못한 것과 같이 오늘에 또한 내일의 문명을 예측하기 어려우니만치 사람의 지혜는 발달되어 간다. 문명부강(文明富强)을 자랑하는 나라들은 조금이라도 교육(敎育)에 차별이 없으니 그들 중에도 상당한 인재도 많이 나타나는 것이 사실이요…… 글을 모르는 사람들은 아주 어두울 수밖에 없고 어두운 사람은 남이 변변한 사람으로 알아주지를 아니한다. 예사람의 말에도 바람벽과 마주선 것 같다 하였다. 동내간에도 그러하거든 세계의 각 족속이 지식으로 다투는 이 시대에 까묵눈이가 설움을 아니 받을 것이랴…….[135]

한편 박두성이 배움을 강조하는 방식에는 유교식의 교육 관념도 영향을 미친 듯하다. "아침에 사람이 행해야 할 도리를 들어 깨달으면, 저녁에 죽는다 해도 좋다."는 논어의 '조문도석사가(朝聞道夕死可)'를 인용하며 배움의 중요성을 강조했다. 물론 전통 시대와 배움의 대상과 방식은 달라졌지만 박두성의 배움에 대한 태도에 있어서는 유교식의 관념이 남아 있던 것으로 추측된다.

---

135 ____ 박두성, 『맹사일지』, 미간행원고, 강현진 재인용. 박두성의 육필 원고인 『맹사일지』와 『율목가훈록』은 현재 인천시각장애인복지관, 송암기념관에 보존되어 있다. 육필 원고는 현재 전시되어 있어서 원문을 확인할 수 없었다. 추후의 연구에서 육필 원고에 대한 해제작업과 자료화 작업이 필요한 실정이다.

시장하면 먹고 졸리면 잠을 자는 것쯤은 길짐승 나는 짐승도 저절로 아는 것이다. 말할 것도 없이 사람이 사람 노릇을 하고 살아가는 데는 그만한 지혜가 있어야 하오. 가령 농사를 하는 이는 어떻게 해가지고 어느 때 심어서 어떻게 걷는 것을 알아야 하는 것과 같이 장사하는 이도 글하고 매복(賣卜) 같은 것을 하는 맹인(盲人)도 그러하고 아무 일을 하는 이라도 그만한 지식이 있어야 하오. 속담에 막 빌어 먹기는 장타령이 제일이라고 막 빌어먹으려 해도 장타령이라도 아는 자가 그나마도 모르는 자보다 낫다는 말이요. 누구나 다 모든 것을 배워서야 아는 것이고 남의 꼴 보고 제 꼴을 고치는 것이 아는 것인데…… 여러분들은 심악(甚惡)한 시대에 있으니 장래를 어찌하오. 배워야만하지 배우지 않고 무엇을 알며 아는 것이 없이 어떻게 살아가오. 다행이 여러분은 총명도 배양하지 않으면 바보가 되는 것이오. 맹서(盲書)가 배우기 쉽기로 배우지 아니하면 무슨 소용이 있소? 우두커니 있지 말고 자기 신세를 위하여 배워 알아가지고 남보다 더 복스럽게 살아갈 일을 하여 봅시다. 혹시 내 나이 얼마인데 배워서 무엇하나 하는 이가 있으면 그는 어리석은 사람 중의 한 분이요. 아침에 무엇을 배우다가 저녁에 죽기로 그릇됨이 무엇이오. 도리어 사람은 그리하여야 마땅한 일이오.[136] 세상 만사는 학문의 진리에 의하여 발전해 간다. 세상만사 문리(文理)에 의하지 아니한 것이 없으니 해가 뜨고 지는 것도 그러하고 사람이 나고 죽는 것도 그

136 ___ 박두성,『맹사일지』, 강현진 재인용.

러하다. 그러므로 밥 먹고 옷 입고 출입하고 남을 대하는 모든 것도 문리에 맞아야 한다.[137]

제생원에서 교사로 일하며 총독부의 직원으로 종사했지만, 박두성은 민족주의적 경향을 견지하고 있었던 것 같다. 제생원 교사로 재직 중이던 다른 조선인 교사는 일본 문화와 생활 방식을 적극적으로 받아들여 기모노를 입기도 했지만, 박두성은 집 안에서 생활할 때는 항상 한복을 입고 지냈다고 한다. 음식과 복식에서 조선의 것을 고수하면서도, 일본의 장점과 우월한 점은 배워야 한다는 입장을 보였다. 한편 박두성은 「3·1운동」이란 육필 원고를 작성하고 점자 도서로 제작해 맹인들에게 해방 즈음에 읽히도록 했다.[138] 뉴욕 포인트식 점자의 경우 자음과 모음이 한 덩이로 되어 있어 익혀야 할 글자의 수가 많았는데, 이런 문제를 해결하기 위해 한글점자를 개발했고 이를 1926년 11월 4일에 '훈맹정음'이란 이름으로 발표했다. 훈맹정음의 이름을 짓거나 발표 시기를 선정할 때에도 세종대왕이 창제한 훈민정음의 경우[139]를 참고했다고 하는데, 당시 일본에서도 맹인과 관련된 용어로 '훈맹(訓盲)'이란 용어가 빈번히 등장하는 것으로 보아, 일본식 조어와 훈민정음이 결합된 것으로 추측된다. 박두성은 맹인의 학습 능력이

---

137 ___ 박두성, 『율목가훈록』, 강현진 재인용.
138 ___ 인천시각장애인복지관 소장 목록.
139 ___ 박병재, 앞의 글.

탁월함을 인정하며 점자를 배워 글을 읽을 수 있다고 주장했다. 맹인의 경우 적절한 교육을 통해 지식을 습득할 수 있고, 사회화가 이루어질 수 있음을 강조했다.

조선의 맹인은 어떠한가? 고래로 가르치고 배우는 방편이 없었고 9천여명 되는 그들의 삶은 암흑하여 일반이 폐인으로 인정하니 이것이 어찌 참을 일이며 즐길 일이랴? 사람은 글을 배워야 한다. 일억만사가 문리가 아닌 것이 없고 모든 것이 상식 없이는 알 수 없는데 어찌 남의 구전으로만 들으며 일일이 일러 줄 사람이 있을까보냐? 자기가 친히 경험하고도 그것이 무엇인지를 깨닫지 못하는 일이 많다. 글을 모르는 사람들은 어두울 수밖에 없고 어두운 사람은 남이 변변한 사람으로는 알아주지를 아니한다. 이제 우리는 같은 사람끼리 깊이 생각하고 연구한 결과 통신 교수로 남과 같이 점자를 배워서 쓰고 읽고 하여 상식 수련하는 길을 열고자 하여 맹사를 조직한 것이다. 점자는 어려운 것이 아니요. 배워 알기는 5분이면 족하고 읽기는 반날에 지나지 아니하며 4~5일만 연습하면 능숙하게 쓰고 유창하게 읽을 수 있소. 그리하여 배워야 할 것을 배울수록 자신의 능력을 충분히 발휘할 수 있는 것이요. 소경이라고 폐인으로 자초하지 말고 어서 바삐 맹인의 글인 점자를 배워야 원하는 대로 글을 읽게 되는 것이요.[140]

140 ___ 박두성, 『맹사일지』, 강현진 재인용.

박두성은 문맹타파 운동이 활발히 펼쳐지고 있던 시대 상황 속에서 한글점자를 개발했다. 그는 맹인들이 '폐인'이 아니라 식자로 능력을 발휘하기를 바라며 '구전으로만' 지식을 습득해서는 어두운 상태에서 벗어나지 못한다고 말했다. 조선에서는 문맹타파 운동이 기독교에 의해 활발히 펼쳐졌던 것을 고려하면, 기독교인인 박두성이 이에 영향을 받았음을 추측할 수 있다. 하지만, 공교육에서 조선어가 사용되지 않고 일본어가 국어로 인식되던 상황에서 조선총독부 제생원에 재직하던 박두성이 한글점자를 개발하는 것은 쉬운 일이 아니었을 터다. 그래서 일본인 제생원 교사들로부터 한글점자를 계속 개발하다 보면 위험에 처할 수도 있다는 걱정을 듣기도 했다.[141] "다년간 맹생을 같이 지도하고 있던 우리말을 모르는 일본인 맹인 네모도, 오오야마 양씨도 우리 한국어 점자 채택에 관하여 사적으로는 많은 동정을 가지고 있었다."[142]라고 박두성은 적었는데, 공적으로는 한글점자 개발에 대한 탄압이 있었음을 시사한다. 한편 박두성이 한글점자 개발을 위해 총독부에 맹인의 정서 순화를 위해서는 문자를 주어야 한다고 탄원을 냈다고도 전해진다.[143] 박두성의 활발한 활동은 당시 신문 지면에 맹아 교육의 공로자[144]로 소개되기도 했다.

141 ___ 박정희여사 인터뷰, 2008.5.17.
142 ___ 박두성, 앞의 글, 1956, pp.10-19.
143 ___ 박병재, 앞의 글.
144 ___ 「각 방면의 성공고심담(3), 맹아교육가 박두성씨(1)」, 『중외일보』 1929.10.5.

시각장애인과 함께 만든 점자

박두성은 점자를 개발한 것에 그치지 않고 맹인들에게 실제로 보급하기 위해 다양한 방법을 활용했다. '조선점자연구회'라는 맹인들의 단체를 조직해서 점자를 보급할 목적으로 강습회를 개최하거나 통신교육 등을 실시했다. 조선점자연구회의 목적에 대해 박두성은 다음과 같이 밝혔다.

조선맹인에 대한 조선사회의 상식을 향상 시키메, 무엇보다도 필요한 것이 조선어 글자이다. 그 동안 수차례 회합하여 맹사에 대한 의사를 결정하고 '조선어 점자연구회'를 조직하기로 천연동에서 결정하여 규약을 초하여 경향 각처 맹인에게 통지하노니 조선맹인이 9천여명 있는데 글자 없어 무식한 사람이 눈감으면 무시당한다. 상식을 수업하는 방법이 없으니 조선의 유일한 맹아교육기관이 있는 이상 조선문 언어를 교육하지 않으면 아예 조선맹인에게 상식을 줄수가 있다 하겠느냐. 그래서 조선문을 가르치기 위해 조선어 점자 연구회

를 조직하고자 한다.[145]

조선어점자연구회에 참가한 이들은 윤복순, 노학우, 이종화, 이종덕, 전태환, 김영규, 김기환, 박봉래, 전창규 등으로 맹인 점복술자 등과 제생원 졸업생으로 박두성의 제자들이 다수 포함되었다. 맹인들이 한글점자 개발과 보급에 수동적으로 임한 것이 아니라 적극적으로 참여해 자신들의 문자를 만들고자 노력한 것이다. 한편 이들은 여러 가지 점자 안을 만들어 참가한 맹인들의 투표를 통해 가장 쓰기 편한 점자 형식을 정하기도 했다. 김천년은 박두성이 점자를 개발하고자 할 때, 일본에서 유학 중이었던 한 맹인이 조선에 급하게 귀국해 맹인 스스로가 점자를 만들어야 한다고 주장했던 에피소드를 전했는데, 이는 맹인들이 무지한 계몽의 대상이 아니라 점자 창제에 공동 주체였음을 보여주는 증거이다.

점자연구회를 후에 육화사란 명칭으로 개칭해 통신교육과 통신도서관 활동을 통해 맹인들에게 점자를 확산시켜갔다. 육화사라 칭한데에는 점자가 6점 점자이기에 이를 빗덴 것이었다. 육화사의 취지문에는 다음과 같이 적혀있었다. "경성 천연동구팔 박두성으로부터, 계명, 전일부터 경성에서 동인들이 집합하야 조선문점자연구회를 조직할라는 상담이 있어서, 기 주지 및 요항을 알렸던 바…… 물이 태

145 ___ 박두성, 『맹사일지』, 강현진 재인용.

양으로 인해 더워져, 수증기가 되어 가벼워져, 놉흔 곳까지 상상하야 갑자기 냉각하면, 동결(凍結)하야 눈이 되어 떨어지지 안습니까. 기 훈형은 기 어느 것을 보아도 육각 혹은 육기의 결정입내다. 기 결정은 이상하게도 육처 출장인고로 눈을 육화 또는 육출화라고 합내다. 또 눈은 조선어로 눈과 상통함으로 점자사업의 아동의 모임을 육화사라고 합내다.[146]

육화사에서는 점자 강습회 등을 개최해서 점자를 널리 보급하고자 했다.[147] 이런 강습회 이외에도 지방에 있는 맹인들을 위해 통신 교육을 실시하기도 했다. 박두성은 전국에 흩어져 있는 맹인들에게 점자를 가르치고 교육의 혜택을 받게 하기 위해 지방 여행을 자주 떠났는데, 점자를 만든 후에는 통신 교육이란 방식을 고안해서 실제 교육을 실시했다. 통신 교육은 맹인들이 우편으로 점자 연구회에 신청서를 제출하면, 점자에 대한 한글 설명서와 점자 용지, 점자판, 점자기 등을 보내는 방식으로 이루어졌다. 이렇게 해서 주변에 한글을 읽는 정안인들의 도움을 받아 맹인들이 점자를 익힐 수 있었던 것이다.

천자까지 보내주겠는데 먼저 보낸 것을 알앗다고 기별이 잇서야 다

---

146 ___ 박병재, 앞의 글.
147 ___ 「점자강습 개최」, 『중외일보』 1928.8.31.; 「장님들의 點字法강습회」, 『동아일보』 1929.8.21.

음 것을 보내주는 것이니 글틀이 업는 이는 이다음에 보내는 시험쪽
지에 점 짜로 쓴 것을 알아보아 그것을 먹짜로 써보내고 글틀이 잇
는이는 '아는 것이 힘이라 배화야 산다'를 점짜로 써보내야 한다. 분
명히 알지도 못하면서 아는 셈치고 잇서서는 못쓴다.[148]

박두성은 이처럼 주의 사항을 상세히 서술해 맹인들이 점자를 편
리하게 익히도록 배려했다. 덕분에 통신 교육을 받은 맹인들은 보통
한 달이면 박두성과 점자로 서신을 주고받을 수 있는 수준에 올랐다
고 한다. 당시의 대표적인 통신 교재로는 박두성이 점역한 『천자문』
『조선어 독본』 등이 있었다.

통신 교육을 위해서는 우편 비용이 많이 들었는데 박두성은 이 문
제를 해결하고자 조선총독부에 청원을 넣어 우편 요금을 면제받고자
했다. 맹인들은 경기도뿐 아니라 경상남도, 황해도, 평안남도 등 여러
지역에 골고루 분산되어 거주하고 있었다. 이후 점자로 읽는 것이 수
월해지면 박두성이 점역한 여러 점자 도서를 대출해서 읽기도 했다.

박두성이 점역한 대표적인 도서로는 『임거정전』 『불쌍한 동무』
『명심보감』 『삼일운동비사』 『맹인청년단규약』 『이광수전집』 등으로
총 200여 종을 넘었다고 한다. 또한, 성경을 점역하기 위해 점자 원판
을 제작하기도 했는데, 아연판 구멍을 일일이 손으로 뚫었다. 이런 작

---

148 ___ 박두성, 「통신교육 설명서(지방거주 시각장애인 점자교육을 위한 문서)」, 인천
시각장애인복지관 소장.

업을 지속하다가 눈에 무리가 가서 박두성 역시 시력을 상실하기도 했다.[149] 박두성은 1936년에 제생원을 퇴직하고 인천 영화학교에서 교편을 잡으면서도 맹인 사업에 관심을 기울였다.

1930년대 초 의주 일원에는 8명의 맹인이 있었다. 그 중에 장석주라는 맹인이 내가 눈을 좀 보니까 소문으로 전해들은 송암선생의 통신교육을 받을 길을 열어보자고 하였다. 우리는 박선생님께 편지를 냈다. 그랬더니 3일 후 박선생님으로부터 점판과 점자 배우는 설명서(활자본)가 왔다. 옆집에 사는 박씨 아저씨에게 읽어받았는데 점자기호에 대한 설명과 점자기에 종이를 끼우고 찍는 법, 점자를 외우는 단계와 순서에 대한 방식이 어찌나 자세하게 설명되었던지 박씨가 읽어주는 방식대로 해보았더니 점자를 혼자서 익히는데 불편이 없었을 정도였다. 우리들은 점자를 마음대로 쓰고 읽게 되면서 아주 신기해서 얼마나 좋았던지 장가갈 날을 받아 놓은 것과 같은 기분이었다. 점자 배우는 맹인이 경복업자이면 천수경, 팔양경 등을 그외의 모든 맹인에게는 성경을 보내주어 기독교와 친하게 하였다. 하여간 의주시절 우리는 점자 읽고 편지 쓰고 하는 재미로 시간가는 줄 몰랐고 동네사람들도 시골길에 자주 내왕하는 우편배달부의 모습 때문에 소경이 점자 배우는 소문을 여로 곳에 전할 정도로 우리

---

149 ___ 박병재, 앞의 글.

가 명물이 되었다.[150]

근대로의 전환과 식민 통치가 중첩되어 발생한 식민지 조선에서 맹인들은 한편에서는 부정적인 전통의 담지자인 판수로 타자화[151]되어 갔지만, 한편에서는 근대적인 문자 체계의 획득을 통해 새로운 지식을 습득할 수 있는 경로를 얻게 되었다. 김천년이 보여주듯, 맹인들은 점자를 익힘으로써 오히려 정안인들보다 식자(識者)로 행사할 수 있는 기회를 획득하게 되었다.

박두성의 딸 박정희는 해방 후 한 맹인이 박두성의 점자 통신 교육 덕에 여러 책을 읽을 수 있었고 그래서 마을에서 유식한 사람으로 대접을 받았다며 감사를 표했다고 전했다.[152] 미신타파와 기독교의 복음 전파로 맹인들의 전통적인 사회적 지위는 쇠락해갔지만, 점자라는 근대적 매체의 습득을 통해 맹인들은 여러 도서를 접할 수 있었고 이로 인해 새로운 종류의 지식을 획득하게 되었다.

맹인들은 적극적으로 점자 강습회를 조직해서 점자를 보급했는데, 조선맹아협회에서 회원이 아니더라도 점자 강습을 단기간 수강할 수 있었다.[153] 경주의 맹인들은 경주경복조합이란 단체에서 문맹퇴치를 위해 강사를 청하여 석 달간 점서 강습회를 조직했는데, 주로 점

---

150 ___ 김천년, 『맹인실록』, 미간행원고.
151 ___ 주윤정, 앞의 글, 2008.
152 ___ 박정희 여사 인터뷰, 2008.5.17.
153 ___ 「장님들의 點字法강습회」, 『동아일보』 1929.8.21.

ㅇ '육화사'라는 도장이 찍힌 박두성의 일
지.(인천시각장애인복지관 소장)

에 대한 경복서를 교재로 했다고 한다.[154] 점자의 보급이 성경의 보급
을 확장시키는 경우도 있었지만, 한편에서는 전통적인 맹인의 직업인
판수를 근대화시키는 계기로 작용하기도 했다.

박두성은 맹인 판수들에게 이전에 마구잡이로 하던 판수업을 점
자책을 펴놓고 '학문'으로 하라고 강조했다.[155] 식민지 조선의 기독교는
조선의 전통적인 민간 신앙을 미신적 행위로 규정하고 미신타파를 활
발히 펼쳤는데, 이런 상황에서 기독교 신자인 박두성이 개인의 신앙
행위에 의거해 점복을 부정하지 않고 점복맹인들의 복지를 점복 관련

154___「盲人도 文盲退治 点書를 講習 경주경복조합에서 경영 盲人들의 大福音」,
『동아일보』1931.1.17.
155___ 박정희 여사 인터뷰, 2008.5.17.

책들을 점역하고 이들에게 학문적인 방식으로 문복 행위를 하라고 강조한 것은 참으로 사려 깊은 결단이라 할 수 있다.

한편 개인 독지가들이 나타나 점자 강습회가 활성화되도록 기부를 하기도 했다.[156]

---

156 ___ 「盲人의 點字慰問狀 千圓놓는 篤志家」, 『매일신보』 1930.11.19.

구술문화에서 문자문화로

박두성의 훈맹점자가 창제된 식민지 시기에는 구술문화로부터 문자문화로의 전환이라는 시대적 배경 속에서 문맹타파 운동이 활발히 벌어지는 한편, 조선어에 대한 유무형의 조선총독부의 탄압이 동시에 발생했다. 이전에는 박두성의 훈맹정음에 대해서는 문화적/사회적 맥락에 대한 고찰 없이 일종의 위인전적 성격으로만 단편적으로 소개되었을 뿐이다. 히지만 박두성의 점자 창제와 보급 활동의 의의를 정확히 이해하려면 점자라는 새로운 매체가 발생하고 보급되었던 문화적인 맥락과 당시 맹인들의 지식 습득 방식에 대한 이해가 선제되어야 한다.

전통적으로 맹인은 판수 내지는 악사 등으로 활동하며 민간적 지식을 습득하고 활동했다. 이들이 지식을 습득하는 방식은 대체로 구전에 의한 것이었다. 하지만 점차 문자문화가 보급되고 신문 매체 등이 전파되면서 구전과 기억에 의존한 지식만으로는 한계가 있음을 깨닫게 되었다. 이런 문제를 해결하기 위해 평양에서 미국인 선교사인 로제타 홀이 뉴욕 포인트식에 기반을 둔 한글점자를 만들어 성경과 종교 교육 등에 활용했지만, 이는 한글의 체계와는 성격이 어울리지 않아 쓰기에 불편했다.

한편 식민지기의 점자는 근대적인 매체로 인식되어 신문 지면과 박람회 등에 소개되는 일종의 '신문물'로 간주되었다. 조선총독부 제생원에서는 일본어 점자를 기본으로 수업을 진행했는데, 맹인들은 어려운 의학 용어를 일본어로 배워야 해서 몇 중의 어려움을 겪어야 했다. 박두성은 이런 상황에서 한글점자인 훈맹정음을 만들었고, 이를 보급하기 위해 제생원의 제자인 맹인 학생들과 적극적으로 노력을 펼쳤던 것이다. 경기지방 이외에도 맹인들이 지방에 골고루 분포하고 있었기에 지방에 있는 맹인들에게 도움을 주려고 통신 교육을 실시하거나 다양한 방식으로 점자 강습회를 실시하기도 했다.

맹인들에게는 점자를 학습하는 것이 단순히 교양을 높이기 위한 공부가 아니었다. 안마사나 판수 등의 직업 활동에 바로 연결되는 실질적 지식 습득의 도구였다. 그래서 지방에서는 지방 경복단체(판수들의 직업조합)에 의해 점자 교습이 사설로 시행되기도 했으며, 일상에서는 생활을 영위하기 위한 수단으로 맹인들에게 한글점자와 조선어 사용이 확산되었다.

그 와중에 조선총독부 기관인 제생원의 교사로 재직하던 박두성이 한글점자를 개발한 것이다. 한글점자 개발은 박두성의 실천적인 민족주의적 태도와 맹인들의 강한 의지가 결합되어 탄생한 작품이다. 근대사회의 변화 속에서 시각장애인들은 점자 등을 통해 자신들의 영역을 확장할 수 있었다. 그래서 2장의 호혜의 역사 3장의 근대적 교육의 실시 등을 통해 작은 이들은 함께 연대하며 세상의 변화 속에서 집단의 생명력을 유지할 수 있었다. 이런 역사는 70년대 시각장애인들의 안마사업 투쟁으로 이어진다.

1898   1912   1926   1966   1973   1980

4장

'사람취급' 받을 권리

1990   2000   2010   2020

소수자의 권리의 역사

20세기 한국 사회는 경제 성장과 민주화라는 이중의 과제를 달성했다. 그러나 사회적 약자들의 작은 목소리는 여전히 가려져 있었다. 장애인과 같은 사회적 약자들이 생존할 수 있는 환경을 만들고 생존권을 주장하는 것은 무척 지난한 일이었다. 민주화의 역사 속에도 '작은 이'들의 역사는 잘 기록되어 있지 않다. 국가와 민족, 거대 주체 중심으로 돌아가는 역사 속에서 이들은 비록 본인들의 이야기가 충분히 기록되어 있지 않았다 해도 삶의 존엄을 지키기 위해 계속 싸워왔고 삶을 유지해왔다. 한 예로 시각장애인들은 지속적으로 법과 싸워가며 자신들의 권리를 법으로 수호하기 위해 노력해왔다. 특히 의료법에 시각장애인의 유보 업종으로 지정되어 있는 안마업을 지키기 위해 다양한 이해 집단과의 충돌을 거치며 제도 안에서 이를 지켜올 수 있었다. 우리는 흔히 권리를 헌법이나 세계 인권 헌장 같은 규범적 체계를 통해서만 보장되는 것으로 인식하곤 한다. 하지만 실제 사회 안에서 권리는 권리 담지자들의 끊임없는 투쟁과 실천을 통해 확보되고 지켜질 수 있다.

이번 장에서는 시각장애인이라는 사회적 약자 집단이 안마업권을 확보하고 옹호해온 역사의 한 단면을 살펴본다. 시각장애인의 안마업은[157] 현재에도 지속적인 논쟁의 대상이 되어, 시각장애인의 안마업 독점에 대한 위헌 소송도 2000년대 이후 네 차례 이상 제기되었다. 이 글에서는 시각장애인의 안마업권 형성의 역사를 소수자 생존권의 역사로 규정하고, 특히 1970년대의 상황에 주목하여 밝히고자 한다. 이를 통해 권위주의 통치 아래서 사회적 약자들의 권리가 보호되는 사회적 방식을 통해 작은 이들이 권리를 쟁취하고 지켜온 역사를 되짚을 것이다.

157 ___ 시각장애인의 안마업 독점이 문제가 되는 것은, 특정 집단에 대한 안마업권 부여를 통한 경제 활동의 자유 제한이라는 측면 때문이다. 하지만 다른 한편 안마업과 음성 성매매가 결합되어 있는 상황 때문이기도 하다. 안마업이 성매매와 결합되는 것은 한국에서는 1980년대 이후의 상황으로, 공식적 의료체계 내에서 인정을 받지 못하기에 새로운 이윤 창출을 위해 일부 성매매와 결합된 측면이 있다. 현재 시각장애인계에서는 이에 대한 자정 노력을 활발히 개진 중이며 대안을 마련하기 위해 다각도로 노력하고 있다.

식민과 탈식민화 과정에서 안마업의 변동

식민지 시기 안마업의 이식

안마업은 일본의 전통 업종이지만, 식민지 조선에서는 일종의 근대적 직업으로 자리 매김 되는 아이러니가 발생했다. 조선총독부는 1914년 10월 부령 10호로 안마술·침술·구술(뜸) 영업 취체 규칙을[158] 통해 안마업을 의료의 일환으로 도입했다. 이 규칙에 의하면 "제1조 1항: 안마술 침술 또는 구술(灸術) 영업을 하고자 하는 자는 본적 주소 성명 생년월일 등을 기재한 서류에 이력서 및 기술을 습득한 것을 증명하는 서면자료를 첨부하여 도지사에게 제출하여 면허를 얻어야 한다. 2항: 전항의 출원자로서 안마술·침술·구술을 영업하는 데 적격자라고 인정될 시에는 안마술·침술·구술 면허증을 교부한다."라고 되어 있다.

---

158 ___ 按摩術, 鍼術, 灸術營業取締規則左ノ通定ム: 朝鮮總督府警務總監部令 第10號. 『朝鮮總督府官報』673호, 1914.10.29.

당시에는 안마업 자체를 맹인의 독점업으로 하는 규정도 존재하지 않았고, 별다른 자격 규정도 없었다. 산파 간호부 면허도 같이 발부되었으며, 안마와 침구술 영업은 같은 사람이 겸업해도 무방하나 면허증은 각각 따로 교부했다. 그리고 의사나 의생은 그 자격으로서 당연히 안마사, 침술, 구술의 업무를 행할 수 있으므로 별도의 면허를 필요로 하지 않았다.[159]

안마업을 시각장애인의 직업으로 인정하여 정착시킨 나라는 일본이다. 일본에서는 전통적으로 맹인들이 점복업, 악사, 안마사 등에 종사했다. 일본의 시각장애인들은 전통 시대부터 강한 집단적 동질성을 유지하면서 직업 집단을 유지해왔다. 시각장애인들은 비파나 샤미센 등을 연주하는 악사로 활동했는데, 그들은 전문적인 예인들의 '당도좌'라는 조직을 통해 자신들의 직업 영역을 보호했다. 하지만 메이지 유신 이후 당도좌가 정부에 의해 폐지되면서 맹인의 직업 보호에 대한 요구가 거세졌고, 그 과정에서 시각장애인의 직업으로 주장된 것이 바로 삼료업(三療業), 즉 침술, 구술, 안마술이었다.

다이쇼 데모크라시로 대표되는 사회 운동의 시기에 맹인 역시 직간접적으로 국회에 자신들의 권리를 청원했다. 대표적인 예가 맹인들에게만 안마를 독점시키는 '안마사업법안(按摩專業法案)'을 요구한 것이다. 당시는 침술, 구술, 안마술 등을 맹인의 전문적 직업으로 만들자는 사회적 운동이 각지에서 전개되던 시기였고, 그 결과 메이지 44

---

159 ____ 김두종, 『한국의학사』, 탐구당, 1981.

년(1911) 8월 내무성령 10호 및 11호로 '안마술 영업취체규칙'과 '침술 구술 영업취체규칙'이 제정되었다. 안마술에 대해서는 갑·을의 두 종이 있어서, 갑종은 비시각장애인, 을종은 맹인에게 주어 맹인을 보호하고자[160] 했다. 전통 사회에서 근대 사회로의 변화 과정에서 일본의 시각장애인들이 안마 사업권을 유지할 수 있었던 것은, 시각장애인 집단의 강한 결속과 관습법적 권리 주장이 일반 법·제도로 번역되었기 때문이었다.

이런 상황은 식민지 조선과 사뭇 달랐다. 조선에서는 안마업에 대한 규칙에 맹인에 대한 규정이 별도로 명시되어 있지 않았고, 자격을 받는 방식이 구체적이지 않고 자의적이었다. 또 법안 제정이 조선의 문화, 사회적 맥락 및 관계와 상관없이 이식된 점 등이 특징적이다. 이렇게 식민지 조선의 사회적 조건이나 상황과 관계없이 일본 식민주의자에 의해 이식된 안마업은 이후 많은 사회적 갈등과 혼란을 야기할 수밖에 없었다. 일본에서는 시각장애인들이 침안업을 완전히 독점한 것은 아니지만, 법적으로나 사회적으로나 비교적 안정적으로 시각장애인의 직업으로 인정받고 있다. 이는 전통 시대 이래 지속되어온 시각장애인 집단의 강한 정체성과 관습이 근대 사회에 번역되며 제도화되었기 때문이다.

식민지 조선에서는 맹인들이 전통적으로 주로 점복업에 종사해왔지만, 제생원에서 근대적 직업 교육으로 안마를 가르치면서 안마업은

160＿＿ 鈴木正行, 『視覺障害者盲をめぐる社會と行政施策』, 明石書店, 2010.

점차 근대적이고 합법적인 맹인의 직업으로 자리 잡게 되었다. 1921년의 직업 분포를 보면, 여전히 점복·독경·무녀가 대다수를 차지하고 있었는데, 1927년 이후에는 안마사가 점차 증가한다. 제생원의 졸업생이 누적되면서 안마사 수가 증가한 것이다.[161] 물론 여기엔 일본에서 조선으로 건너온 맹인 안마사들도 일부 있었다.

하지만 점복업에 종사하는 시각장애인과 안마업에 종사하는 시각장애인들 사이에는 긴장이 존재했다. '미신'이라는 폄하와 '일본놈 발바닥이나 주무르는 직업'이라는 쌍방의 비판적 시각이 교차되며, 근대적 직업으로서의 안마업과 전통적인 점복업 간의 갈등이 점차 불거졌다.

해방 이후 안마업권의 폐지와 혼란

해방 이후 시각장애인의 안마업은 심각한 타격을 입게 되었다. 안마의 주 고객이었던 일본인들은 철수했는데, 우리나라에는 아직 안마의 고객이 될 만한 경제적 계층이 형성되지 못한 상태였기 때문이다. 안마업자들은 무직자가 되거나 점복 등 다른 업종으로 전업할[162] 수밖에 없었다. 이런 시장 상황의 변화와 더불어 의료 체계에도 변화가 일어났다.

미군정청 후생부(부장 이용설)는 1946년 4월 17일 식민 통치 기간

---

161 ___ 朝鮮總督府濟生院盲啞部, 『創立二十伍年史』, 1938.
162 ___ 임안수, 『한국 시각장애인의 역사』, 한국시각장애인연합회, 2010.

동안 시행된 '조선 의료령'을 개정하면서 시각장애인의 침구 안마술 면허와 영업에 관한 규정인 '안마술, 침술, 구술 영업 취체 규칙'의 효력을 중지시켰다고 전해지고 있다. 이런 조치가 등장하게 된 까닭은 "첫째, 당시 미국에서는 유럽과 달리 시각장애인이 의료업에 종사하지 않았으므로 이를 할 수 있다고 믿지 않았고, 둘째, 종전의 제생원에서 실시한 침구 안마 교육 연한이 미국의 6년제 초등 교육에도 미치지 못하는 3년제였으므로 그 근거를 인정하지 않았고, 셋째, 구술은 의학적 근거가 없는 것으로 생각했고, 넷째, 당시 군정에 협력했던 지식인들이 시각장애인을 무능력시하여 이료술(理療術)을 행할 수 없을 것이라고 보았"기[163] 때문이었다고 한다. 또한, 당시 미국의 맹학교와 맹인 재활원에서는 안마술이나 침술교육을 실시하지 않았고, 모든 맹인에게 동일한 직업을 갖도록 하는 획일성에 동의하지 않는 미국식 교육 방식이 반영되었을 것이며, 한의학에 대한 경시 태도[164]도 반영되었다고 전해지고 있다.

당시 한국에서의 이런 조치가 안마사들의 영업 활동에 직접적으로 영향을 주지는 않았지만, 시각장애인의 공식 직종 인정을 중단한 결정이었으므로 안마사들은 선교사인 원한경(언더우드 선교사)을 통해 이 조치의 철회를 요구했다고 한다. 이에 대해 미 군정청은 혼란기의 수습과 새 질서 확립을 위한 임시 조치라고 해명했다. 하지만, 당시

---

163 ___ 임안수, 위의 책.
164 ___ 한국맹인복지연합회, 『맹인의 교육과 복지』, 1993.

미 군정청의 보건 정책에 고문 역할을 맡았던 서구 의학 중심적 사고를 가진 한국인 관료들은 안마술, 침술, 구술 같은 것을 의술로 생각하지 않았다. 그들은 안마술이나 침술, 구술 등이 단순한 피로 회복법 정도에 지나지 않는다고 인식했던 것 같다. 더구나 미국의 시각장애인들은 영국이나 독일 등과 달리 의료업에 종사하지 않았으므로 미 군정청은 한국의 시각장애인에게 그런 능력이 있다는 생각 자체를 하지 못했을지도 모른다.[165]

이런 혼란스러운 상황에서 안마업에 대한 권리와 자격은 1951년 국민 의료법이 제정될 때 접골사, 침사, 구사, 안마사 관련 규정이 제정되면서 비로소 다시 문제로 부각되었다. 그러나 1951년 9월 25일 국민 의료법 59조에 의해 "종래에 규정된 접골·침술·구술·안마술업자 등 의료 유사업자 제도는 주무부령으로써 정한다."라는[166] 규정이 생겼음에도 10년이 지나도록 시행 규칙을 마련하지 않아서, 실질적으로는 시행되지 않았다.

1945년 이후 유사한 상황이 일본에도 있었다. 1945년 이후 미군 점령 체제하에서 한국과 마찬가지로 침안업이 폐지될 위험에 처했던 것이다. 연합군 최고사령부(GHQ)는 삼료업이 시각장애인이 종사해도 되는 직업인지 의문이며, 서구적 의료의 시각에서 인정할 수 없는 영역이기 때문에 폐지하고자 했다. 하지만 일본의 시각장애인들은 강한

---

165 ___ 양만석, 『안마사제도사』, 미간행원고.
166 ___ 『국민의료법』, 1951.

집단적 결속력과 생존권 주장을 통해 자신들의 직업을 지켜냈다. 이 것이 가능했던 이유는 "시각장애인들이 생존할 수 있는 유일한 방법 이었을 뿐 아니라, 사회에서 시각장애인들이 역할해온 긴 역사가 있 었기 때문"이라고[167] 한다. 이에 비해, 일본 식민통치에 의해 이식된 안 마업은 한국 사회에 자생적으로 뿌리내리기 어려웠다.

1970년대 안마사업의 독점 인정

안마에 대한 실질적인 사회적 수요가 별달리 존재하지 않았던 1950년 대와 달리, 1960년대에 들어서면서 안마업이[168] 활성화되기 시작했다.

[167] ___ Donoyama, "Introduction of Traditional Japanese Massage, Anna, and Its Education for The Visually Impaired: The Past and The Present", TCT Education of Disabilities, 3, 2004, pp.41-47.

[168] ___ 요즘 도시문화병적인 신경통, 근육통, 저혈압 환자들이 많아짐에 따라 안 마사들의 수요도 늘어나고 있다. 이들이 일하는 곳은 일반 가정도 있지만 주로 호 텔, 여관, 목욕탕 등이다. 안마사들이 보통 받는 서비스 요금은 1시간당 5백 원 정 도로, 안마사협회에서 정한 협정가다. 이 5백 원은 물론 기본요금이고 실제 요금은 이들이 손님을 대하는 접객업소에 따라 다르다. 1류 호텔일 경우는 1천 원 정도 받 으며 일반 목욕탕에서는 약간 떨어지기도 한다. 안마사들은 1류 호텔의 손님을 상 대하기를 원하지만 여기에도 비즈니스의 생리가 작용, 호텔 측에 많은 커미션을 내 야 하고 교제도 해야 한다. 따라서 안마사들이 독자적인 간판을 가지고 영업하지 않는 한 받는 돈이 모두 자기 것이 되는 것은 아니고, 자기가 일하고 있는 업소에 중개수수료를 3~4할 정도 지불해야 한다. 안마사들은 대부분 '안마원'에서 먹고 잔다. 그래서 중개수수료를 뺀 나머지 돈을 안마원에 내놓게 된다. 자기 손에 돌아

그리하여 1960년대에는 침·구·안마 등 유사 의료를 제도화하기 위한 여러 시도가 침술사 협회 등에 의해 이루어졌는데, 이는 의사 협회, 한의사 협회 등의 거센 반대로 좌초하고 만다. 그런데 유사 의료의 합법화를 둘러싼 이러한 사회적 논쟁은[169] 유신 시기에 들어서면서 새로운 국면을 맞이했다. 1971년 3월 3일 보사부는 의료법 개정을 준비하면서 안마사 허가에 관한 규정을 정지했고, 1973년 2월 비상 국무회의는 의료법을 개정·공표했다. 법률 제2533호인 이 개정 의료법 제62조 제3항은 안마사의 자격 인정 및 그 업무 한계 등에 관하여 필요한 사항은 보사부령으로 정한다고 규정했다. 보사부는 이를 근거로 하여 1973년 10월 31일에 부령 제428호인 '간호보조원·의료유사업자 및 안마사에 관한 규칙'을 제정·공표했다. 이로 인해 시각장애인의 안마업권에 대한 근거가 발생했다. 서울 맹학교 교장을 역임한 이성재 씨는 "안마사에 관한 정의와 업무 한계, 자격 요건, 자격증 교부 절차, 그리고 시술 규정과 안마사 양성소 설치에 관한 규정이 포함되어 우리 안마업 진영의 모체"가[170] 형성되었다고 했다. 여러 이익 집단

오는 순수한 수입은 1건당 1백 원 정도로, 한 달 고작 5천 원 정도 손에 쥐게 된다. 『매일경제』 1970. 6. 11.

169 ____ 조병희, 『침구영역을 둘러싼 전문직 간의 집단 갈등』, 『보건과 사회과학』 제14권, 2003.

170 ____ OH_08_019_이성재_08-01, 식민지기와 해방 이후 시각장애인의 교육과 직업 경험 조사, 국편 구술사 자료. 필자는 국사편찬위원회의 구술사 자료수집 사업의 일환으로 2008년, 2009년 시각장애인의 식민지 경험, 해방 이후 직업 및 사회생활 등에 대한 구술조사를 실시했다.

의 견제와 갈등으로 인해 정상적으로는 입법화될 수 없던 상황이었지만, 유신 시절 국회를 통한 의결이 부재한 상황에서 비상 국무회의에서[171] 법안이 의결되고 입안되었다. 서양의학과 한의학의 충돌이라는 측면 이외에도 보편적 입법의 위배, 근대화에 위배 등 다양한 반박 논리와 비판이 있었음에도 법안에 포함되었고, 관련한 규칙이 제정되었다. 당시 보건사회부 장관 이경호는 개정 의료법 법률안의 필요성을 "유신 과업의 총화적인 전진 대열에서 국민을 위한 진취적인 자세를 확립하도록 의료에 관한 제도적인 모순을 제정하고 의료 질서를 확립하기 위하여 의료법을 전반적으로 개정하려는 것입니다."라며[172] 법안을 바로 의결했다.

이렇게 하여 1973년의 시행령으로 시각장애인들은 안마업에 대한 독점적 자격을 갖게 되었다. 국회가 재개된 뒤 1975년 의료법이 재개정 되었을 때, 비시각장애인들도 안마업권을 획득하기 위해 로비를 펼쳤지만 좌절되었다. 오히려 맹자의 경우 안마사 자격을 예외적으로 인정받을 수 있다는 규정이 생기며, 맹인들의 안마업권이 더욱 공고화되었다.

171 ___ 비상국무회의 회의록 의료법 개정법률안(제9회), 1973. 2. 9.
172 ___ 당시 보건사회부장관 이경호는 국회 보건사회위원회 제88회 회의록(1973. 10. 29)에서 맹인 안마사의 취지에 대해 다음과 같이 말했다. "원래 안마사는 맹인 생활 보도책으로서 이 제도를 채택하고 있습니다. 그렇기 때문에 이들에 대해서 물론 앞으로 더욱 직업 보도를 강화하겠습니다." 입법 취지를 살펴보면 안마사 제도는 의료제도 일반에 속하기보다는 시각장애인의 직업 보도라는 사회 정책적 성격이 있었음을 알 수 있다.

시각장애인의 권리 주장

시혜주의 권리청원: '살아 있는 법'의 주장

유사 의료법 및 침사, 구사의 자격에 대한 법률화는 인정되지 않았지만, 시각장애인들만이 독점적으로 권리를 인정받을 수 있었던 배경에는 시각장애인들의 독특한 사회적 지위가 작용했던 것으로 보인다. 1960년대 이후 시각장애인들은 자신들의 직업 권리를 지키기 위해 사회 각계각층에 대한 청원, 호소 등 다양한 전략을 지속적으로 펼쳤다. 맹학교를 중심으로 학생들은 동맹 휴학 및 시위 등을 활발히 전개했다. 시각장애인들이 경쟁적인 의료 체계 내에서 안마업권을 획득할 수 있던 것은 강력한 조직 운동이 있었기 때문이다. 시각장애인들은 애초에는 데모를 하는 것에 대해 부정적이었다. 당시는 민주화 분위기를 타고 사회 각계각층에서 생존권을 주장하는 사회적 요구가 많이 발생하고 있는 상황이었다.

여론 눈치만 보고, 뭐라고 하질 않아. 그러니까 야, 이건 도대체 안 되겠다. 근데, 우리도 그 당시에는 데모는, 이때는 하지 말자는 역설이 굉장히 많았어요. 왜 우리가 데모를 많이 하지 말았어야 하느냐, 이때. '종로 3가에 있는 창녀들도 창녀 자격증 달라고 데모를 하더라.' 매음 행위도 생존권이니까……. 외국에는 공창 제도가 있는데 왜 우리는 없느냐? 그런 요구가 있을 법하죠. 근데 그런 데모를 우리도 같이 해야 되겠느냐? 그래서 이제 미룬 거예요.[173]

시각장애인 내부에서는 데모보다 '정상적인 방식'으로 문제를 해결하자는 주장이 제기되었다. 더욱이 시각장애인들은 사회 지도층 인사들과 많은 교분을 갖고 있었다. 시각장애인을 위한 대표적인 사회 사업 단체에 박마리아, 임영신이 이사로 관여하고 있었고, 여성 국회의원 이매리가 시각장애인계와 친하게 지내면서 그들의 문제에 많은 관심을 기울이고 있었다. 더욱이 시각장애인들이 주로 종사하던 안마업, 점복업의 특성상 정계나 교육계 등의 사회 지도층 인사들과 관계를 맺는 경우가 많았다. 안마업은 일제 식민 통치의 유산으로서 소위

173 ___ OH_09_021_양만석_06_01, 식민지기와 해방 이후 시각장애인의 교육과 직업 경험 조사. 양만석은 1946년 부산에서 태어났다. 이후 중도 실명하여 부산의 맹학교와 서울의 맹학교에서 수학했으며, 이후 맹학교 교사를 역임하기도 했으며, 「視覺障碍人에 對한 處遇와 活動에 관한 硏究」(단국대 석사학위 논문, 1997)을 저술했다. 시각장애인 권리 형성에 활발히 참여한 본인의 경험을 바탕으로 시각장애인 안마사의 역사를 집필 중이다.

상류층의 문화였기 때문에, 안마업소들도 처음에는 주로 호텔 같은 곳에 문을 열었고, 고객들은 일본식 안마 문화에 익숙한 이들이 대부분이었다. 시각장애인들은 처음에는 이런 인사들을 통해 문제를 정치적으로 해결하고자 했다. 하지만 점차로 그런 해결 방식에 한계를 느끼고 직접 행동에 나서서 데모를 하기도 했다. 아무래도 훨씬 강한 자금력과 조직력을 갖춘 의사 협회 등과 비교할 때 시각장애인들의 로비력은 역부족이었을 것이다. 하지만 데모를 하더라도 시각장애인의 특성상 단체 행동을 하기 어려워 서로의 몸을 묶고 데모에 나가기도 했다.

둘째 날은…… 저기 종합청사, 중앙청. 그때 중앙청이죠. 중앙청을 가려고 출발을 하는데…… 거기 학교에서 가깝거든, 효자동에서? 첫째 날은 택시를 타고 쭉 갔고…… 둘째 날은 쭉 줄서가지고 줄을 잡고 가는데…… 아참, 옛날 호랑이 담배 피던 시절 얘기지, 경찰관들이 앞에 줄잡고 가는…… 그러니까 중간 중간에 밧줄을 끊을 것 아냐? 중간 중간 몇 명씩 이렇게 끊으면, 앞에 끊어가지고 그걸 끌고 가면, 그냥 앞에 사람 가는 줄 알고 따라 갈 거 아냐? 잘라가지고 딴 데로 끌고 가는 거지. 그래서 한 바퀴 돌아가지고 도로 맹학교 쪽으로 (웃음) 데려가는 거지. 셋째 날은 이제, 청와대를 가자, 이렇게 됐죠. 거기 바로 앞이니까. 이제는 줄도 필요 없고, 자꾸 잘라가면 안 되니까 손 붙잡고 가자.[174]

서울 맹학교가 청와대와 가까운 곳에 있었기 때문에 위치에서 오는 효과도 있었다. 일제 강점기에 선희궁 터에 지어진 맹학교의 교사는 청와대에 인접해 있었으므로 그들의 데모가 갖는 사회적 효과가 더욱 커졌던 것이다. 1960년의 국무 회의록에는[175] 맹인 데모에 관한 보고가 수차례 있었다고 기록되어 있다. 1961년 이후 의료법이 제정되면서 시각장애인의 안마업권에 대한 면허가 폐지되는 상황이 발생했다. 이런 상황에서 시각장애인 직업 대책 위원회 대표들은 "백방으로 활동하던 중 당시 국가재건최고회의 의장 부인 육영수 여사와 전화 통화가 이루어져 시각장애인 안마업계의 당면 과제에 대하여 호소하였고, 육영수 여사로부터 지원을 해주겠다는 약속과 그에 따른 강력한 지원을 받게 되었다."라고[176] 전해진다. 즉 육영수 여사가 시각장애인에 대한 직접 지원을 약속했다는 주장이다. 시기적으로 보면 1963년의 보건사회부 예규가 등장한 때인 듯하며, 이 예규에 기반을 두어 시각장애인 안마사들의 권리 주장을 확대해나갈 수 있었다. 하지만 이는 여러 이익단체들로 인해 지속될 수 없었고, 다른 방식으로 입법 운동이 펼쳐졌다.

1966년 2월 9일 국립 서울 맹학교 학생들은 유사 의료업자 법안

직업 경험 조사.
175 ___ 『경회루 관리 및 맹아학교 학생의 데모에 관하여』, 『국무회의록』(제48회), 1960.10.26.
176 ___ OH_09_021_양만석_06_01, 식민지기와 해방 이후 시각장애인의 교육과 직업 경험 조사.

이 폐기된 것에 반대해 일제히 동맹 휴학에 돌입했다. 당시 맹학교 학생들은 "유사 의료업자 법안이 생기지 않으면 장래 살아갈 길이 없어지는 것"이라며, 이런 처사는 사회의 그늘에서 사는 맹인들의 생활 수단을 앗아가는 일이므로 자기들이 자립할 수 있는 길을 터달라고 했다.[177]

한편 서울 맹학교 학생 2백여 명이 의료 유사업자 법의 조속한 국회 통과를 촉구하면서 단식 농성에 들어갔다가, 동맹 휴학 및 가두시위를 했는데, 2월 11일에는 국회의사당 앞까지 나가서 농성을 하기도 했다. 1966년 7월 11일에 문교부는 국립 서울 맹학교에 무기 휴교령을 내렸고, 1966년 7월 내내 시각장애인들의 시위 내용이 신문에 보도되었다. 시각장애인들이 국회에서 시위할 때 "국회 경비대와 충돌했는데 눈이 보이지 않는 그들은 동료를 경비대원으로 오인하고 서로 치고 받기도 했다."[178]라는 기사도 등장한다. 또한, 당시 시위 상황에 대해 시각장애인 김천년은 다음과 같이 기록했다.

박 정권 때도 학교 학생들이 중심이 된 시위가 여러 차례 있었다. 사전 정보를 입수한 경찰이 와서 학교를 지켰는데, 못 보는 아이들이라 정문만 굳게 지키면 된다고 생각했던 듯하다. 그런데 아이들이 뒷

---

177 ____ 『맹학교생들의 농성 데모/ 의료유사업자법안 폐기 기세에 항의』, 『중앙일보』 1966.2.9.
178 ____ 『경향신문』 1966.7.8.

산 담을 넘어 밖으로 나가 소동을 피우자, 다급해진 경찰은 교장실에 들어와 애꿎은 맹인 교장만 혹독히 나무랐다. 교장 자신이 맹인이니 뒤에서 조종하는 것 아니냐고 몰아세웠다. 그 이듬해 여름에는 맹학생들이 삼삼오오 국회의사당 문 앞에 집결해 있다가 갑자기 의사당으로 밀고 들어가서 난장판을 벌였다. 남학생들은 소리 지르고 여학생들은 울고 하니, 경비원들도 거의 수수방관이었고 책임자인 듯 건장한 사나이가 권총을 휘두르며 들어와 학생들은 놔두고 부하 경비원들에게 뻔히 눈을 뜨고도 눈감은 아이들 백여 명이 모여드는 것을 제지하지 못했냐며 고래고래 소리 지르기도 했다.[179]

시각장애인의 시위는 1966년에 절정에 이르렀다. 이들은 동맹 휴학, 국회의사당에서의 데모를 통해 자신들의 절박한 생존권 문제를 사회에 널리 알렸다. 이런 과정을 거치며 유사 의료업자 법안 심의 과정에서 안마업권이 시각장애인의 직업 보도이며 생존권이라는 인식이 점차 높아졌다. 처음에는 법의 체계성, 보편적·근대적 입법을 강조하던 의원들도 시각장애인의 안마업권에 대해서만은 예외적인 인식을 하게 되었다. 이는 시각장애인들의 집단행동과 이를 청원과 정치적 로비로 연결시킨 전략이 성공한 덕분일 것이다. 이후 1973년 유신체제 아래서 이를 시행령으로까지 만들어냈던 과정에 대해 시각장애인들은 "그 당시는 유신 체제였거든? 유신 체제에서는 국회가 아니고

---

179 ___ 김천년, 『맹인실록』, 미간행원고.

국무회의에서 법 다루면 끝이야. 비상국무회의에서 통과하고 공포하면 그만이거든. 그러니까 안마사 조항이 들어가는 법이 바로 일사천리로 제정된 거야."라고[180] 말했다.

당시 시각장애인들은 대통령에게 시각장애인의 시위 사실을 알리기 위해 기존의 각종 사회적 네트워크를 활용했다. 앞서 언급했듯이 정치권 등 고위층 인사들이 안마를 즐겨 받았고, 이를 통해 시각장애인들은 정관계 인사와 관계를 형성할 수 있었다. 시각장애인인 양만석은 안마업권에 대한 시각장애인의 독점적 권한을 보호하기 위해 자신의 안마 고객을 통해 대통령에게 청원했다고 말했다.

시위한 걸 대통령이 어떻게 다 알겠어요? 대통령한테 보고를 해야 되는 거잖아. 자료를 주고 여자들이 왕왕대고 울고 하는 것을 녹음한 자료를…… 그때, 청와대에 박승규라고 있는데…… 사정담당비서가 있는데…… 박승규 씨가 둘째 날 대통령 집무실에 가지고 들어가서 잠깐 대통령 듣게 했단 말이지.[181]

1973년 비상 국무회의의 결정과 1975년 맹인 독점 조항의 유지가 어떤 의사 결정 과정을 통해 이루어졌는지는 정확히 알 수 없다. 당시

---

180 ___ OH_09_021_양만석_06_01, 식민지기와 해방 이후 시각장애인의 교육과 직업 경험 조사.
181 ___ OH_09_021_양만석_06_01, 식민지기와 해방 이후 시각장애인의 교육과 직업 경험 조사.

국무 회의록과 국회 회의록에 의하면, 안마 사업권에 대한 보장은 '맹인의 직업 보도'라는[182] 목적으로 이루어진 것이며, 이는 여러 이익단체와 국회의원 간의 의견을 조율해 결론내린 것이 아니라 유신 헌법 하 비상 국무회의의 일방적인 의결에 의해 가능했던 것이다. 이 결단을 누가 주도했는지, 이 결단에 영향을 미쳤다는 시각장애인계의 주장이 사실인지 알 수는 없지만, 어쨌든 최고 결정자의 결단 없이는 입법화가 불가능했다는 점은 분명하다. 의료법의 목적은 국민 보건의 향상이지만, 안마사 조항은 일종의 사회 정책적[183] 목적으로 규정된 것이라 볼 수 있다.

양만석은 권위주의 시절의 의사 결정과 합리화된 사회의 의사 결정 과정을 비교하면서 이렇게 말했다.

합리주의적인 사회는 아주 부당한 방법이 처음부터 별로 논의가 되지 말아야 될 것이 있지만…… 일단 사회가 이런 문제 피기 시작하면(사회에 이런 문제가 발생하면-인용자 주) 해결하는, 수습하는 방안도 굉장히 복잡하다는 거예요. 그런데 어떤 권위주의사회 같은 데

---

182 ___ 『의료법 개정법률안(제9회)』, 『비상국무회의 회의록』, 1973.2.9.
183 ___ 안마업권이 의료법 내에서 규정되기는 하지만, 침술과 구술이 불법인 상황에서 안마업 자체만은 의료 행위로 자리매김하기 어려운 점이 있다. 한국에서 안마는 일종의 퇴폐향락 문화라는 시각이 강하게 퍼져 있는데, 안마업이 성매매와 결합하게 되는 역사적인 계기를 이해하기 위해서는 안마업이 의료업의 일반에서 다루어지지 않고 특수한 조항으로 허가를 받게 된 상황에 주목해야 한다.

서는 이상한 인권 침해는 잘 일어나지만, 그것이 지나치게 기현상이

되어서는 안 된다는 인식만 생기면 그걸 개선하는 것도 굉장히 빠

른⋯⋯.[184]

시혜주의적 구조 속에서 권리 획득은 권위주의적 통치자에 대한

직접적인 호소 아래 비로소 가능할 수 있었다. 민주적 의사 결정이

배제된 권위주의 시기에는 오히려 특수한 권리가 기존 사회의 이해관

계 집단들의 갈등을 고려하지 않고 부여될 수 있는 가능성이 있었던

것이다.

시각장애인의 권리 의식

시각장애인들에게 법과 인권은 어떤 의미였을까? 『세계 인권 선언』이

나 헌법과 같은 규범적 인권은 이들에게 어떤 식으로 인식되었을까? 시

각장애인의 생존권 주장이 문헌화된 규범에 근거한 것인지, 혹은 '살아

있는 법' 자체였던 것인지 의문을 제기해볼 수 있다. 시각장애인의 권리

---

184 ___ 민주화 이후의 헌법재판소 소송과 같은 과정을 거칠 때 시각장애인들은
마포대교에서 시위를 했고 한강대교에서 투신을 하기도 했다. 또한 2005년의 위헌
판결 이후 시각장애인들 2명이 자살하는 일도 있었다. 시각장애인의 특수한 권리
를 보장하며 보편적 입법 원칙을 지킬 수 있는 방법이 무엇인가에 대한 고민이 필
요하다.

의식을 추측할 수 있는 논설이 시각장애인 잡지에 수록되었다.

> 시각이 우리 인간의 전부요, 또한 절대도 아님은 물론 육체를 구성하는 많은 기능 가운데 한 부분을 차지하고 있는 데 불과하다. 우리 인간에게 있어 가장 소중하고 또 객관적으로 높이 평가받고 있는 것은 인간이 지니고 있는 정신 상태라고 할 것이다. 때문에 육체적으로 아무리 건전하고 훌륭하게 잘났다고 해서 그가 곧 위대한 인물이 되는 것은 결코 아니다. 신체적으로는 불구라 할지라도 그가 소유하고 있는 훌륭한 정신이나 사상으로 사회에 공헌할 때에 사회에서는 그를 훌륭하고 위대한 인물로 존경하게 되는 것이다. 즉 인간이 구성하는 인격은 육체가 아니라 곧 정신이라는 것을 우리는 분명히 알아야 한다. 우리 맹인들이 지니고 있는 숭고한 정신과 때 묻지 않은 사회 참여에 대한 강한 의지는 사회 정화를 부르짖고 있는 현실에서 그 지표가 되고 새로운 비전으로 내세우기에 족하다고 보겠다. 우리는 인간됨에 있어 정안자보다 높은 차원의 정신세계를 지배하고 있다는 우월감을 가져야겠다.[185]

『맹인복지』라는 잡지에 실렸던 이 사설을 보면, 시각장애인들의 인권의 근거는 불구의 몸이 아니라 정신이라 주장하며, 불구의 몸에도 불구하고 맹인 역시 인권의 담지자라는 점을 강조한다. 맹인들이

---

[185] ___ 『세계인권선언문과 맹인의 인권』, 『맹인복지』 71호, 1967.12.10.

소유하고 있는 훌륭한 정신과 사상, 그리고 인격이 맹인 인권의 근거가 된다고 주장하고 있다. 또한 시각장애인들은 점복업에 종사하든, 안마업이나 침술업에 종사하든, 법의 영역과 많은 관계를 맺을 수밖에 없었다. 법에 의해 많은 제약과 통제가 이루어졌기 때문에 시각장애인들은 지속적으로 실정법에 대한 고민과 함께 법을 통해 문제를 해결하려는 경향을 보였다.

일반 사회에서 사회의 한 성원으로 공동생활을 하는 한, 항상 이 같은 권리의 한계성에 대한 문제를 판단해야 할 경우를 일상생활 가운데 직면하게 된다.그러므로 평소에 법률에 대한 상식을 알아두는 것이 자기의 권한을 보호하고 또한 다른 사람의 권리를 침해하지 않는다는 의미에서 꼭 필요한 일인 것이다. 우리 맹인들은 안마업이나 역리업을 하면서 권리를 침해받는 일이 많은 것이다. 때문에 우리는 노동법이나 근로기준법 등은 물론 우리들이 사회생활 속에서 필요한 최소한 법령과 그에 대한 상식을 익혀둘 필요가 있는 것이다. 그리하여 적어도 우리에게 주어진 권리와 권한에 대한 것을 박탈당하지 않는 동시에 또한 우리의 의무와 책임을 다해 주어진 권리를 정당하게 행사할 수 있는 사람이 되어주기를 바라면서 인권 선언일과 인권 옹호 주간을 보내면서 이런 강조 주간을 맞을 때만이라도 그러한 문제에 관심을 가지고 보내주기를 바라는 것이다.[186]

186 ___ 『인권 옹호 주간을 보내면서』, 『맹인복지』 327호, 1972.12.17.

1960년대 중반까지만 해도 맹인에 대한 차별적 시각이 이어져, 버스나 택시 등에서 맹인을 승차 거부하는 사례가 빈번했던 것으로 보인다. "맹인을 보면 재수 없다."는 시각은 무당들이 맹인 때문에 손해를 본다는 관점에서 비롯된 것이지만 이미 일반화되어 있었고, 한국 사회에서 시각장애인에 대한 대표적인 차별적 시각이었다. 시각장애인 황씨는 맹인들에 대한 승차 거부는 인권 침해이므로 정부에서 이를 시정하는 조치를 취해야 한다는 건의를 내무부 장관과 교통부 장관에게 전달하기도[187] 했다. 사회적 차별을 법적 조치를 통해 해결하고자 적극적인 의사를 표현한 것이다. 법과 권리는 강제력을 갖기 때문에, 시각장애인들은 법으로 인해 자격 제한이 발생하는 등 많은 어려움을 겪기도 했지만, 법은 권리와 투쟁의 준거이기도 했다. 시각장애인들에게 법은 어떤 의미인지에 대해 양만석은 다음과 같이 말했다.

어릴 때부터요. 장애인 문제 같은 건 법률에 의해서 먼저 해결이 되어야 된다는 생각을 했고. 사회 계몽은 그 다음이라고 생각을 한 거예요. 제도적인 장치를 먼저 마련을 하면서 계승을 할 수 있다고 생각을 했어요. 그게 이제, 뭐냐면. 이 법 때문에 한이 맺히게 자라온 이게 바로 이, 저기 침사·구사·안마사 제도잖아요? 사실 일반인들 같은 경우는요, 법에 관심이 전혀 없이 별로 법에 저촉되고 이런 것들이 없으니까 뭐, 법으로 인해서 삶이 구속되고 이런 경험들이 일

187 ___ 『인권의 침해: 맹인 승차 거부 시정책을 건의』, 『경향신문』 1965.12.24.

상적으로 별로 존재하지 않으니까. 그것 때문이에요. 법 때문에, 법 때문에. 장애를 입었다는 것 때문이 아니라. 장애를 입었다는 것은 자기의 어떤 할 수 없는 부분이지만. 장애를 입은 사람들에 대해서 가로막고 있는 그 법의 장막 때문에 항상 인생을 걸림돌로 살아야 되잖아? 그러니까 당연히 그 문제를 아프게 생각을 하고 해결할 길을 찾게 되겠죠?[188]

위에서 언급된 시각장애인에 대한 '법의 장막'의 대표적인 사례는 1960년대까지의 의용 민법에서 농자·아자·맹자에 대한 준금치산자 규정과 의료업에서의 자격 제한 조항, 안마업에 대한 금지 등을 들 수 있을 것이다. 1960년 이후 민법 개정 시 맹인에 대한 한정치산자 규정은 제거되었지만, 시각장애인들에게 실질적으로 영향을 미친 의료법에서는 이런 자격 제한들이 지속적으로 존재했다. 그래서 시각장애인들에게 법이란 권리 쟁취의 수단이자 장애를 입은 사람들이 사회적으로 행동하는 데 대한 장막이었다. 민법에서 행위능력에 대한 규정은 원래 부당한 계약으로부터 보호하기 위한 조항이었지만, 이는 장애인들에게 오히려 보호는커녕 걸림돌로 작용했다.

시각장애인들은 시혜주의적 법 구조와 법의 '비정상인' 규정에 대

188 ___ OH_09_021_양만석_06_01, 식민지기와 해방 이후 시각장애인의 교육과 직업 경험 조사.

해 저항했으며,[189] 법에 의한 제약으로부터 법에 근거해 권리를 쟁취하고자 노력했다. 시각장애인들은 법에 의한 구속을 지속적으로 경험했다. 법에 의해 자신들의 능력이 규제되고 제한되는 경험을 하면서, 역설적으로 법을 근거로 해방을 추구하며 권리를 획득하고자 노력하게 된 것이다. 시각장애인 안마사업의 역사는, 법에 의해 배제되었던 사람들이 법을 근거로 자신들의 권리를 주장하기 위해 피나는 노력을 펼친 역사였다.

안마사 노조 결성과 연대

시각장애인들은 자신들의 권리를 보호하기 위해 1960년대에는 근로기준법에 의거해 노동조합을 결성했다. 당시 시각장애인의 안마업은 선회업에서[190] 안마원 운영 방식으로 전환되기 시작했다. 그것은 안마원 원장이 시각장애인을 고용해서 영업하는 방식이었다. 1950년대 안마원은 주로 주주제 방식으로 운영되었는데, 이는 전화비, 집세, 광고

189 ____ 시각장애인들은 학구열이 높은 편이다. 방송대 등을 통해 대학을 졸업하고 일반 대학에서 법학 석사를 취득하는 경우도 있다. 최근 시각장애인인 권인희 씨는 장애인의 권리에 대한 법학박사 학위를 서강대에서 취득했다. 권인희,『장애인의 생존권에 관한 헌법적 연구』, 서강대학교 법학박사학위논문, 2011.
190 ____ 돌아다니며 영업하는 것을 일컫는다. 1970년대까지는 시각장애인들이 도심지를 돌아다니며 안마를 할 고객을 찾는 경우가 있었다고 한다.

비, 기타 비용을 공동으로 부담하는 방식이었다. 주주제 방식의 안마원에서는 전체 안마사가 운영권을 갖고 있었기 때문에 광고에 투자하기 힘들고 안마사들의 불화로 인해 활발한 영업을 할 수 없었다. 그래서 원장이 권한을 갖고 운영하는 원장제 안마원으로 전환[191]되었다. 하지만 이런 제도는 처음에는 소수의 원장들만 잘살게 하는 제도라고 하여 반대가 큰 편이었다. 안마원을 운영하는 원장들이 시각장애인 안마사들에게 공정한 대우를 해주지 않자 시각장애인들은 마침내 노조를 결성하게 된다.

권리 구제를 받을 도리가 없어요. 그래서 나는 그 당시…… 제가 61년 2월에 졸업해서 학교에서 나왔거든. 그래서 이건 안 되겠다, 뭔가 대항을 해야 되겠는데…… 안마사들로서는 힘이 없잖아요? 그래서 연구를 하다가, 근로기준법을 찾아보니까 종업원이 열여섯 명인가 이상, 이하 되는 [사업장에] 근로기준법이 적용이 되고 그렇더라구요? 그래서 이런저런 연구를 하다가 뭘 찾아냈는가 하면, 전국연합노조라는 게 있었어요. 여러 형태의 복합 조합원들. 거기 가서 이제 의논을 하는데, 안마사의 경우에 단일 업종에 있는 개인 기업, 이렇게 보지 말고, 안마사라는 업종을 하나의 조직으로 보자. 그렇게 했을 때, 전체 안마사의 수가 20명이 넘으면 단위 노동조합의 결성 요건이 되지 않느냐, 이렇게 해가지고 한국노총의 유권해석을 받았어

191 ___ 양만석, 『안마사 제도사』, 미간행원고.

요. 받아냈는데⋯⋯ 그 당시 연합노조 중부 사무실이 영락빌딩 317
호였는데⋯⋯.[192]

한국노총의 유권 해석과 자문을 받아서 안마원 소속 35명 중 27
명의 조합원이 모여 전국 연합노조 산하 서울특별시 내 안마사 분회
로 노동조합을 결성했다. 노동조합은 안마사들의 권익을 보호하고자
해고와 관련된 사항, 안마사 요금과 안마사에게 지급되는 비율, 임금
등에 대한 교섭을 할 수[193] 있었다. 시각장애인들은 안마를 노동이라
생각했기에, 고용되어 종업원으로 있는 경우에는 노동조합의 형태로
구제를 받아야 한다는 의식이 발생했다.

당시 연합노조에는 요식업 종사자, 미용업 종사자, 서비스 직종 등
여러 업종에 속하는 이들이 참여하고 있었다. 안마사의 경우 단위업
소 종사자가 열여섯 명이 안 되어서, 노동조합을 결사할 수 있는 기
준에 해당하지 않았는데, 연합노조에서 안마를 일종의 단일 업종으
로 보고 연합노조의 분회를 만드는 방식으로 해결했다고 한다. 연합
노조에 가기 전에 법에 대해 숙지를 하고 가니 노조에서 호의적으로
대해주었고, 절차도 상세히 알려주며 기꺼이 지도를 해주었다. 노조

---

192 ____ OH_09_021_양만석_06_01, 식민지기와 해방 이후 시각장애인의 교육과
직업 경험 조사.
193 ____ OH_09_021_양만석_06_01, 식민지기와 해방 이후 시각장애인의 교육과
직업 경험 조사.

회비로는 매월 1인당 40원[194]을 지불했다고 한다. 그런데 시각장애인들이 노동조합 결성의 근거가 되는 법령에 어떻게 접근할 수 있었을까? 제정법을 기반으로 한 사법제도는 일종의 문자문화의 정수라고 볼 수 있다. 당시 시각장애인들은 학교 교육을 통해 점자를 습득해 문자문화 체계 속에 진입하기는 했다. 하지만 당시 법전은 점역되지 않았으며, 한자가 많이 섞여 있어 정안인들조차 이해하기 어려운 상황이었다.

> 사람들을 만나기도 하고…… 또 파고다공원 같은 데 가면, 글씨를 잘 아시지만 나이가 많아서 일을 많이 하지 않는 그런 분들이 있어요. 그런 분들을 일당을 드리고 모시고 다니면서 역시 내 눈 노릇을 하게 해서…….[195]

시각장애인들은 파고다공원에 있는 노인들에게 법전을 읽어달라고 하며 근로기준법을 익힌 것이다. 이를 통해 고용된 안마사들의 권리를 보호할 법적 장치를 만들 수 있었다. 한자를 잘 아는 파고다공원의 노인들에게 부탁해 법을 파악하고자 노력한 것은 소수자의 권리 역사에서 작지만 놀라운 사건이다. 대리인을 통해 법전의 내용을 파악하고, 법의 내용에 근거해 자신들의 권리 주장을 한 것은 시각장

---

194 ___ 당시 안마사 월급은 3천 원가량이었으며, 자장면 한 그릇이 40원이었다.
195 ___ OH_09_021_양만석_06_01, 식민지기와 해방 이후 시각장애인의 교육과 직업 경험 조사.

애인들의 치열한 권리 의식의 한 단면을 보여준다. 이렇게 하여 문자 문화의 전파 및 성문법 체계 속에서 권리 보호에서 배제되었던 시각 장애인들이 노동조합 창설을 통해 자신들의 권리를 획득하기 위한 돌파구를 열었다.

노조 설립과 별개로, 시각장애인들은 안마사 협회도 결성했다. 1968년 6월 30일 법인 설립 신청서를 보사부에 제출했지만, 안마사 자격 인정에 대한 법적 규정이 없었던 때이므로 법적 근거가 미약하여 법인 설립 허가가 나지 않았다. 보사부의 법인 설립 거부에 대항하기 위해, 시각장애인들은 다른 나라 시각장애인 실태 조사를 실시했다. 이후 여러 과정을 거쳐 1970년 사단법인 대한안마사협회가 창립되었고, 1971년에는 부산 등지에 10개 지부를 설립했다. 1974년에는 보건사회부로부터 중도 시각장애인 직업 재활 교육을 위한 안마 수련원이 인가되었다. 대한안마사협회를 중심으로 시각장애인들의 생존권 보호 활동이 조직적으로 수행될 수 있었다.

여성 시각장애인의 인권 보호

여성 시각장애인이 안마사로 진출하면서 새로운 문제가 발생하기 시작했다. 바로 성희롱 문제였다. 안마원을 운영하는 업주들은 이런 문제가 발생하면 영업에 지장이 있다는 이유로 폭로하기를 꺼렸다. 그래서 시각장애인 안마사가 당하는 '인권적 성 피해에 대한 부분을 눈

감는 사태'가 발생하기도 했다. 앞서 언급한 안마사협회에서는 시각장
애인 여성의 인권을 지키기 위한 활동도 펼쳤다고 한다. 여성 시각장
애인들이 남성 고객들에게 성추행을 당하면 남성 시각장애인들이 자
발적으로 쫓아가서 여성 시각장애인을 보호하기도 했다.

대개 그 당시의 손님들이란 게 뭐, 내가 안마사 좀 건드렸다고 그게
무슨 인권을…… 너희들이 인권을 논할 처지냐, 뭐 이런 입장이거든,
대개. (사람 취급을) 안 하지. 그러니까 대개는 이제, 좀 완력이 가해
지고…… 그것도 눈치껏 재주껏 하니까.[196]

사회적 지위가 낮은 시각장애인들이 동료 시각장애인의 피해를
막기 위해 연대하여 노력한다는 것은 쉬운 일이 아니었다. 원장에 의
해 해고당할 가능성도 컸고, 사회적 지위가 높은 가해자가 보복을 가
할 수도 있었다. 하지만 증언자와 동료 시각장애인들은 최소한의 '사
람 취급'을 요구하며 여성 보호 활동을 펼쳤던 것으로 보인다.

인권은…… 인권까지는, 인권이란 표현은 안 하고 그냥…… 그렇죠,
'사람 취급'은 받아야 되지 않느냐. (대부분은 사람 취급받지 않는 것에
익숙하고) 그렇게 거의 전반적으로 그렇게 취급을 받고 사니까. 우리

---

196 ___ OH_09_021_양만석_06_01, 식민지기와 해방 이후 시각장애인의 교육과
직업 경험 조사.

가 요구하는 것은 전반적인 인권 그런 게 아니고. 하여간 그때 표현이나 기분으로는, 그렇죠. 숨통이 트일 만큼은 살아야죠.[197]

시각장애인들은 인권 선언과 헌법에 보장된 정치적 권리, 시민적 권리, 사회경제적·문화적 권리 등을 전반적으로 주장하거나 사회의 민주화 운동에 투신한 것은 아니었다. 권위주의 통치의 부당함을 외치며 체제 변혁과 사회 민주화를 위해 투쟁에 앞장섰던 것도 아니었다. 하지만 사람 취급 받지 못하는 사회에서 맹인이 감히 인권을 논할 처지냐고 업신여김을 받으면서도 맹인들은 '사람 취급' 받고 '숨통이 트이게 하기' 위해 부단한 노력을 펼쳤다.

197 ___ OH_09_021_양만석_06_01, 식민지기와 해방 이후 시각장애인의 교육과 직업 경험 조사.

작은 이들의 저항

한국 사회는 지난 반세기 동안 놀라운 성장을 경험했지만, 한편으로 그 역사는 사회적 약자들의 엄청난 희생을 대가로 한 것이었다. 그런 상황에서도 사회적 약자 집단들은 자신들의 권익을 보호하고 최소한의 '사람 취급'을 받기 위해 부단히 싸워왔다.

이런 소수자의 권리를 위한 싸움의 역사는 산업화의 역사나 민주화의 역사 등 거대 역사에 가려 조명되지 않았다. 특히 시각장애인의 안마업권은 소수자 집단의 보호라는 인권적 측면과 특정 직업 집단의 이권이라는 시각이 상충적으로 존재하고 있었기에, 이해가 어려웠던 측면도 있다. 또한, 2000년대 후반의 여러 차례의 위헌 소송 이후, 시각장애인의 안마업권을 일종의 적극적 우대 조치(Affirmative Action)의 일환으로 분석하고자 하는 법학적 시도들도 있었다. 하지만, 역사적 시각의 결여로 인해 식민화와 탈식민화 등 중첩된 근대화 과정에서 발생한 시각장애인 안마업권의 특수성에 대한 이해가 부족했다.

시각장애인 등 사회적 약자들은 점진적 사회 민주화 등 구조의 변화를 통해 자신의 생존권을 확장시켜간 것이 아니라, 권위주의 체제의 특수한 시혜주의적 입법을 통해 생존을 도모할 수 있었다. 그러나 이런 시혜주의적인 권리 획득은 단순히 권력의 온정주의가 아니라 시각장애인 집단의 부단한 투쟁과 운동, 저항의 역사에 의해 가능해진 것이었다. 이는 조선시대로부터 이어진 시각장애인 집단의 역사와 조직력, 연대 의식, 관습법적 권리 주장으로 인해 가능했다.[198]

사회 구조에 전면적으로 도전하기는 어려웠지만, 주어진 제한 조건 속에서 최소한의 '사람 취급'을 받기 위해 애쓴 시각장애인의 역사는 한국 사회 인권 역사의 중요한 한 부분이었으며, 아래로부터의 인권 역사의 필요성을 역설하고 있다.

다음 장에서는 시각장애인들이 소수집단임에도 불구하고 집단으로서 정체성을 지키며, 지속적으로 저항할 수 있었던 문화적 자원인 구술 전통에 대해 살펴보고자 한다. 시각장애인들은 공통의 이야기와 기억을 통해 어떻게 집단의 정체성을 형성하고 유지할 수 있었을까?

---

[198] ___ 주윤정, 『한국 시각장애인의 직업권 형성에 관한 법사회학적 연구』, 서울대 사회학과 박사학위 논문, 2012.

5장

시각장애인의 구술 전통과
이야기의 힘

이야기 전통과 구술문화

앞에서 살펴본 것처럼 시각장애인들은 '작은 이'들로서의 정체성을 지키면서 집단적인 정체성, 특정 직업 영역에 대한 권리, 그리고 조직들을 꾸준히 유지해올 수 있었다. 물론 저항과 투쟁을 통해서다. 이같은 저항이 가능했던 것은 시각장애인들에게는 일종의 집합 기억으로서 구술 전통과 집합적 집단의 서사, 다시 말해 자신들만의 이야기가 존재했기 때문이다.

이 장에서는 집단의 정체성과 관계성의 형성과 유지에 구술문화가 어떤 역할을 했는지 탐색할 것이다. 작은 집단은 대개 이야기를 나눔으로써 관계를 형성하고 만들어간다.

시각장애인의 구술 전통을 이해하기 위해서는 우선 구술 전통의 일반적인 특성에 대한 이해가 필요하다. 구술 전통과 문자문화의 관계에 대해서 연구한 월터 J. 옹(Walter J. Ong, 1912~2003)은 『구술문화과 문자문화』에서 구술 전통의 특징에 대해 언어의 행위성이 강조되는 것을 지적했다.[201] 구술문화적인 사고와 표현은 "종속적이라기보다는 첨가적이다." "분석적이라기보다는 집합적이다." "장황하거나 '다변적'이다." "보수적이거나 전통적이다." "인간의 생활 세계에 밀착된다." "논쟁적인 어조가 강하다." "객관적 거리 유지보다는 감정 이입적 혹은 참여적이다."라고 지적한 바 있다.

구술문화는 이야기의 내용 자체보다 청중들과 어떤 교류를 하는가를 강조하는 '인간의 생활 세계와 밀착'되어 있는 언어다. "계보를 이야기 하더라도, 중립적인 목록이 아니라 인간과 인간과의 관계를 기술하고 설명한다." "구술적인 커뮤니케이션은 사람들을 집단으로 연결시킨다. 읽고 쓰는 것은 마음을 자신에게 되던지는 고독한 활동이다."[200]

옹에 의하면 구술성은 공동체성과 연관된 것이다. 문자성은 개인적 행위에 가깝지만 구술성은 집단의 행위로, 공동체성을 형성하는 역할을 한다고 옹은 주장하고 있다. 하지만 이런 문화는 이제껏 일종의 하등한 문화 혹은 열등 문화, 야만 문화로 인식되는 경향이 많았다. 옹은 구술문화는 문자문화와 구술문화, 문명과 야만의 위계 속에 하위에 위치해 있는 것이 아니라, 다른 방식의 사고 체계와 언어 양식이라는 것을 주장하고 있다. 마가렛 소머스라는 사회학자는 서사성은 정체성이 시공간에 위치한 다양한 관계성 속에 스며들어 있다는 것을 강조하면서, 유연한 정체성 형성의 기회를 제공[203]한다고 말한다.

199 ___ 월터 J. 옹, 임명진 외 옮김, 『구술문화와 문자문화』, 문예출판사, 1995.
200 ___ 월터 J. 옹, 위의 책, p.109.

한 집단이 자신들의 이야기를 갖는다는 것은 그들이 특정한 정체성을 형성하고 그에 기반을 둔 집합 행동을 할 수 있는 기반이 있다는 뜻이다.

시각장애인들의 구술 전통은 직업 집단 내에서 직업과 교육의 과정에서 발생한 것이다. 시각장애인들은 역사적으로 점복업자로 일하면서 집단을 이루었고 그 집단은 직업 조합으로 존재해왔다. 이들은 자신들의 역사를 길게는 신라시대, 짧게는 조선시대로 소급하고 있다. 그동안 직업 조합으로 활동하기 위해서는 점복업 교육의 전수가 필수적이었는데 이는 일종의 도제적인 관계 속에 유지되었으며 직업 교육은 대체로 구술로 전승되었다.

시각장애인 점복업자들은 점복업에 종사하기 위해 각종 경전과 격문 등을 암송해야 했다. 스승의 구술을 듣고, 이를 따라 반복하면서 암기를 통해 이런 지식을 습득했으며, 스승의 집에서 사숙하면서 교육을 받았기에 당시 시각장애인계에 대한 다양한 이야기가 구술 즉, 집단적 언어를 통한 방식으로 전래되고 있었다. 시각장애인계의 대표적인 인물에 대한 이야기, 맹인 점복업자에 대한 역사기억, 맹인계의 사건 등에 대한 여러 기억들이 구술 전통을 통해 전승된 것이다.

시각장애인의 구술 전통은 이들이 경제 활동과 교육 활동을 공유하는 집단[204]이기에 가능했다. 이런 구술 역사는 『조선왕조실록』 등

201 ___ Somers, Margaret. (1994). The Narrative Constitution of Identity: A Relational and Network Approach. Theory and Society. 23. 10.1007/BF00992905.

의 공식 기록에도 남아 있고, 개화기 선교사들에 의한 기록에도 시각장애인의 다양한 구술문화가 일부 기록되어 있다. 시각장애인계 내부에서는 시각장애인의 역사에 대한 인식이 상당히 높은 편인데, 구술문화를 바탕으로 시각장애인의 자체적인 역사를 서술한 경우가 몇 차례 있었다. 대표적인 것이 김천년의 『맹인실록』(미간행원고), 임안수의 「맹인직업사연구」 등이고, 식민지 시기에는 다나카 도지로[田中藤次郞]의 『조선에서의 맹인소사[朝鮮に於ける 盲人小史]』(1943) 등이다. 이외에도 시각장애인들의 비공식적인 저술이 풍부하게 남아 있다.

시각장애인들은 근대 사회 이후 점자를 통해 문자문화에 본격적으로 편입하게 되었다. 한국에서는 식민지 시기 박두성의 훈맹정음 이후 점자의 습득을 통해 지식의 확산과 교육이 가능해진 점도 분명히 있지만, 이 과정을 근대화 및 계몽을 상징하는 발전과 진보의 과정으로만 단선적으로 이해할 수만은 없다. 시각장애인들의 점자 습득은 계몽의 확산을 통한 교육 과정이라기보다는 구술문화에서 문자문화로의 이동이라고 보는 것이 더욱 정확하기 때문이다.

점자를 학습하고 배우게 된 것이 근대적 교육 기회의 확대와 관계가 있는 것은 사실이지만 이는 단순히 계몽만이 아니라 새로운 방식의 문명과 감각 체계로의 변화[203]를 의미했다. 즉 청각과 수행성

202 ____ 주윤정, 「'맹인' 점복업 조합을 통해 본 소수자의 경제활동」, 『한국사연구』, 제164호, 2014.
203 ____ 주윤정, 「한국 시각장애인의 직업권 형성에 관한 법사회학적 연구」, 서울대 사회학과 박사학위 논문, 2012.

(performativity)이 강조되었던 구술문화에서 묵음으로 독서를 하는 문자문화의 체계로 변화한 것이다. 하지만, 종래에는 시각장애인의 풍부한 구술문화에 대한 인식이 부재했기에 이를 계몽적 교육으로만 보는 시각이 지배적이었다.

이 같은 일련의 변화 아래, 최근에는 시청각 미디어, 디지털 미디어의 발전으로 인해 오히려 시각장애인들의 문화에서는 구술문화적 특성이 다시 부각되기도 한다. 최근 오디오북 등이 활성화되는 것이 좋은 예다. 또한 스마트폰 및 디지털 매체들을 음성화하는 기술이 발달하면서 기존의 점자 매체는 다소 쇠퇴하기도 하는 상황이며, 음성 기술 기반 미디어의 전달이 강화되고 있는 실정이다.

시각장애인계의 대표적인 자료인『맹인실록』은 일제 강점기 제생원 교사를 역임한 김천년이 남긴 것이다. 시각장애인들의 잡지인『새빛』 등에 연재되었던 것을 텍스트 파일로 전환해 디지털 기록물로 만들어 시각장애인의 디지털 네트워크에서 공유하고 있다. 한편 현재 컴퓨터 기술의 발달로 텍스트 파일을 음성으로 전환시켜주는 기술이 날로 발전하면서 이전의 활자 문화의 대체 수단이었던 점자 대신 디지털 음성 파일이 활성화되어서 오히려 구술문화적인 활동이 증가하는 추세다.『맹인실록』은 국내 편, 국외 편으로 이루어져 있는데, 국내의 유명 시각장애인, 국외의 유명 시각장애인, 교육, 사회, 직업 등 전 영역에 걸쳐 기록한 방대한 자료이다.

한국맹인계에 있어 이 자료는 맹인계에 관한 총집합입니다. 저는 지

금 사람들을 위해서라기보다는 장차로 볼 많은 사람들을 위해서 이 자료를 남깁니다. 맹인계를 연구하고자 하는 분들에게는 크게 참고가 될 것으로 의심하지 않습니다. 특히 사회편에는 종교에 관한 것 그 중에도 맹인교회에 관한 것이 자세히 기록되어 있습니다. 참고편에서는 맹인으로서 관찰한 우리의 민족, 국가, 국토, 국어, 한글 등에 대한 관한 점들이 기록되어 있습니다. 이 기록은 순전히 맹인의 손에 의해서 기록된 것입니다. 이를 위해 특히 전산입력에 사심없이 도와주신 수명의 여성들의 덕입니다. (중략) 거의 30여 년 동안 점자로 기록해 남겨놓았던 것을 정리하는 데 소요된 시간은 1986년 10월부터 1996년 말경까지 꼭 10년이 걸렸습니다.[204]

또한, 이외에도 시각장애인계에서는 대구 대학을 중심으로 당시 시각장애인 원로들에 대한 녹취 작업을 했다. 연구자는 그중 일부 테이프를 입수해 기록화했다. 시각장애인들이 마그네틱테이프 레코더 등을 활용하기 시작한 것은 1980년대 이후로, 마그네틱테이프가 대중화되면서 시각장애인 역사를 기록하려는 노력이 활발히 전개되었다. 이에 따라 지중현 등 당시의 시각장애인계 원로들을 인터뷰해서 기록을 남길 수 있게 되었다. 이후, 임안수 등이 이런 기록을 바탕으로 박사학위 논문인 「한국맹인직업사연구」와 『한국시각장애인의 역사』 등을 저술했다. 임안수는 시각장애인의 직업 발달에 대한 연구를 전개

---

204 ____ 김천년, 『맹인실록』, 미간행원고.

했는데, "대한맹인역리학회 지도자였던 지중현, 송춘식, 안성균 선생 등을 만나 조선시대 맹인들의 역사에 관하여 채록하고, 때로는 전화를 통하여 문의하여 생생하고 진실된 맹인의 역사에 대한 증언"을 수집[205]할 수 있었다고 한다.

한편 그는 이런 풍부한 구술 전통에 의거해 특수교육의 보급이 선교사를 통한 것이라는 통상적인 서구 전래설을 비판했다. 특수교육, 특히 직업 교육이 서양 선교사에 의해 이루어졌다는 것이 특수교육사에겐 일종의 정설이지만, 임안수는 시각장애인계의 구술문화적 전통을 기반으로 조선시대에도 다양한 직업 활동이 있었다는 것을 밝힐 수 있었고, 구술문화에 기반을 둔 역사 인식을 토대로 실록 자료에서 시각장애인의 직업 활동에 대한 다양한 사료를 찾아 논문을 서술[206]했다.

시각장애인들이 구술문화의 전통을 유지하고 지켜나감으로써 특수교육의 역사를 정립하는 데 있어서 서구로부터의 이식설이나 근대 기원설에만 의존하는 게 아닌, 다양한 시각으로 바라보게 하는 것을 가능하게 해준 것이다. 즉 시각장애인의 직업 전통과 문화가 단순히 문서로 박제화하여 존재했던 것이 아니라 살아 있는 전통과 문화로 존재했기에 근대의 기원이 외부에 있었다는 시각에 대하여 반박하는 연구를 서술할 수 있었다. 그래서 선교사 기원설을 기계적으로 수용

205 ____ 임안수, 『한국 시각장애인의 역사』, 한국시각장애인연합회, 2010, 머리말.
206 ____ 임안수, 「한국 맹인 직업사 연구」, 단국대 박사학위 논문, 1986.

하기보다 자신들의 생활 세계에 기반을 둔 역사 서술을 재구성할 수 있었다. 한편 시각장애인의 역사는 『조선왕조실록』을 비롯해 각종 문집과 한국을 찾았던 선교사들이 기록한 글에 등에 풍부히 남아 있다. 시각장애인들의 구술문화에 대해 이사벨라 버드 비숍은 다음과 같이 서술했다.

직업의 이권을 보호하기 위해, 판수는 지역의 직업 조합을 유지하고 있는데, 자신들의 기금으로 여러 곳에 조합 사무소를 세웠다. 이 조합에 들어가기 위해서는 구술로 전승되는 무속적인 전통, 지혜, 관습에 대해 상당한 수준의 지식과 능력을 입증해야 가능하다. 이런 구술 전통은 4천 년의 역사가 있는 것으로 생각되고 있는데, 미신과 불교, 유교의 복합적인 조합의 결과라 볼 수 있다[207].

시각장애인의 구술문화와 전통은 비숍이 지적하듯이 미신과 불교, 유교의 복합적인 조합의 결과라고 볼 수 있다. 이는 이능화 역시 『조선무속고』에서 지적한 바 있다. 시각장애인의 구술문화를 잘 보여주는 기록으로 지중현의 구술이 있다. 지중현은 점복업자로 활동했던 분으로 시각장애인의 역사에 대한 많은 구술 인터뷰를 남긴 바 있다. 그는 맹인에 대한 보호가 시작되는 연원에 대해 다음과 같이 이야기한다.

---

207 ___ Isabella Bird Bishop, Korea & Her neighbours, 景仁文化社, 2000[1898], pp.402-403.

맹인들이 인제 집을 재동에 있던 집을 가지고 있다가 다 무너지니까 상감한테 들어가서 "집이 다 무너져서 은거할 수가 없으니 어떻게 좀 달리 좀 무엇을 해주십쇼." 상감마마께서, 물론 사람들을 불러서 "얘 이거 맹인들이 집이 다 망가져서 없어졌다하니, 어떻게 좀 달리 좀 주선해줄 수가 있느냐" 그렇게 인제 명령을 하시니까. 물론 상감마마 명령을 받고 살펴보다가 그 영희전 도가라고, 영희전이라는 데가 뭐하는 데냐 하면 상감마마 옆에 모시던 분들 초상화를 거기다 쭉 걸어놓고 모시던 덴데. 그 집이 김자점이가 살던 사랑채랍니다. 바로. 김자점이 집 사랑채라는데. 그게 옛날에 초전골 대전골 하던 거기에요. 그 다음에 모시전골이라고 하다가 지금은 저동이라고 됐습니다. 그 집이 일인들이 주소를 매기길 저동 68번지로 매겼답니다. 그런 집인데. 거기서 나라가 집을 사송해 주시니까 집을 가보니 집이 무척 사랑채도 크더래요. 마루가 24칸이었답니다. 앞 기둥에다가 끈을 매고, 뒤 기둥에다가 끈을 매고. 좌는 일방에서 쓰고 우는 이방에서 쓰고. 거기 맹인들이 3~400명씩 모여서 회의들을 하고 그러면서 지내는데. 아주 엄숙하게. 원래 맹인 조합이 내려오면서도 아주 엄숙했었어요. 원래 맹인 법은 참 엄숙합니다. 나라 법과 마찬가지고, 내시들 지내는 법과 같았었죠. 그렇게 인제 엄숙하게 지내고.[208]

그래 공부를 해나오고, 이 맹인사적 얘기는 저만 아는 게 아니에요.

역학하는 맹인은 누구든지 다 압니다. 이건 뭐 누구를 붙잡고 물어 보셔도 이건 다 알거에요. 그렇게 된 얘기니까 그렇게 아시고. 이 맹인 앞으로도 계속해 맹인들이 많이 생길 거니까들 이렇게 잘들 지켜주셨으면 감사하겠습니다.[209]

시각장애인들은 자신들의 역사를 기억에 의거해 보존하고 있었는데, 이런 전통은 역학 즉 점복업에 종사하는 맹인들에 의해 지속될 것이다. 시대가 변화하면서 이제 구전되는 것은 단순히 구술문화만이 아니라, 문자매체, 디지털 매체 등 다양하게 변화하며 보존되고 있다.

---

209 ___ OH_09_021_지중현_06_01

시각장애인의 구술문화의 형식적 특성

시각장애인의 구술문화는 상당한 시간 동안 동일한 직업 조합을 통해 발달했기 때문에 구술문화가 지닌 형식적 특성을 많이 보유하고 있다. 본 연구자가 여기서 강조하고 싶은 바는 세 가지다. 첫째, 시각장애인의 구술문화에서는 점복자의 은어가 발달했다는 점이다. 둘째, 시각장애인의 구술문화 서사는 정확한 역사적 사실을 반영한다고 볼 수는 없지만, 총체적이고 집합적 기억의 전승이라는 점이다. 셋째, 구술문화를 통해 과거의 사례가 현재 상황을 지속적으로 재해석하는 전거로 활용된다는 점이다. 이 세 가지 특성을 하나씩 살펴보자.

점복자의 은어 발달

시각장애인의 구술문화에서는 점복자의 은어가 발달했다. "맹인 점복업자들의 은어는 매우 다양하고, 복잡한 구조를 갖고 있으며 발달

된 형태"이다. 그들은 문생 제도를 통해 문하생들에게 은어를 가르치고 있었는데, 예를 들어 사람은 '남사' 남자는 '양남사', 여자는 '음남사'라고 했다. 부모는 '문서', '건'은 하늘이며 아버지를 뜻했고, 어머니는 '태넉, 미신, 음문서'라고 일컬었다. '곤'은 땅이기도 했으며 어머니이기도 했다. 남편은 '독, 경신, 정관'이라 했다. 밥은 '기시', 두부는 '또끼 머리'라고 했으며, 오징어는 '동방 개구리'라고 불렀다.

이들의 언어 세계엔 숫자, 음식, 남녀성별, 시간, 날짜 등을 나타내는 다양한 은어가 존재했다. 예를 들어 "땅파리는 복공이 공밧지불인가 기시를 불급여한다."는 말은 "승지는 배가 고프지 않은지 밥을 주지 않는다."는 뜻인데, 이런 은어들은 한문과 주역에 기반을 둔 것들이다. 임안수에 의하면 맹인들이 자신의 비밀을 지키는 것에 대한 불안감으로 인해 이런 은어가 발달했다고 한다.[210]

맹인 점복업자들은 은어를 외부에 노출하지 않고 다른 맹인들에게도 알리지 않았다. 그만큼 맹인 점복업자들은 조합을 폐쇄적으로 운영했다. 이들은 특히 무당 집단과 지속적으로 경쟁하며 직업 활동을 해왔던 터라 폐쇄성을 고수하며 자신들의 직업 노하우를 유지하는 것이 핵심적이었을 것이고, 문자 매체를 활용할 수 없기에 일반인들이 알아들을 수 없도록 은어를 발달시켰을 것이다.

맹인 점복업자들의 언어는 광범위해서 일상생활의 대부분을 은

---

210 ___ 임안수, 「맹인 점복업자의 은어(隱語)의 어원과 구성 원리」, 再活科學研究, 제13권 제1호, 1997B.

어로 사용할 수 있는 수준이었다. 은어의 출처 또한 다양했다. 이들은 점복 서적에서 볼 수 있는 용어나 점풀이에서 사용하는 한문 구절, 한자의 훈이나 음, 단어의 도치 등을 통해 은어를 만들어 사용했다. 이런 은어에는 여러 문화가 습합된 구술문화의 혼종성이라는 특징이 내재되어 있었다. 그런데 이 같은 종류의 구술문화는 기호를 공유할 수 없는 것이었으므로 근대적 점자가 발명되기 이전의 시각장애인들은 점복업을 위한 기호 체계인 죽력(竹曆), 그리고 투전을 위해 사용하던 기호 체계인 오가비[211] 등을 활용하기도 했다.

구술문화의 서사는 총체적이며 집합적 기억의 전승이다

시각장애인의 구술문화의 서사는 정확한 역사적 사실을 반영한다고 볼 수는 없지만, 총체적이고 집합적 기억의 전승이다. 또한, 이런 기억은 과거의 역사적 사실대로 전승되는 것이 아니라 지속적인 재조합과 재구성 과정을 거치게 된다. 그래서 동일한 사안에 대해서도 다양한 판본이 존재할 수 있는 것이다. 시각장애인들은 대표적인 집합 기억의 하나로 "명종의 아들인 계산대군이 시각장애인이 되면서 이들에 대한 조선왕조의 보호가 가능해졌다"는 이야기를 전승했다. 하지만 『조선왕조실록』에 따르면 명종 시기에 등장하는 계산군(桂山君)은

---

211 ___ 임안수, 2010, 앞의 책, pp.530-531.

성종의 서자인 견원군의 자제로 추측된다. 더구나 계산군이 맹인인지 여부에 대해서도 확인할 수 없었다.

한편 시각장애인 내에서도 구술문화 속에서 내려오는 이야기들이 뒤죽박죽이라는 지적이 종종 제기되었다. 임금의 자제 중 시각장애인이 있었다는 이야기, 임금에게서 특정한 건물을 내려 받았다는 이야기 등이 전설처럼 떠돌고 있었지만, 동일한 이야기에 대해서도 다양한 판본이 존재한 데다가 이야기들의 맥락도 시간이 흐름에 따라 변화했기 때문이다. 시각장애인 학자 임안수는 자신들이 전해들은 이야기를 토대로 박사학위 논문을 작성했지만 본인도 이런 구술문화 속에서 구전되어온 역사적 기억이 개별 사실로는 입증이 불가능하다는 것을 인정했다. 다만 어떤 총체적이고 집합적인 기억을 전승하고 있다는 것만 확인할 수 있었기에 사료를 통해 이를 재구성했다고 밝혔다.

(맹학교에서는) 특히 누가 그런 말씀을 해줬냐면, 이종덕 선생님이 좀 얘기를 좀 해주셨어요. 뭐, 예를 들자면, 뭐, 홍계관 씨에 대한 얘기라든가…… 점쟁이요. 말하자면 유명한 맹인 점복자야. 근데, 그런 사람이라든가…… 대체적으로 명종 때를 전후로 하지 않았나…… 점이라는 건 잘 맞추면 되는데…… 그게 과학적으로는…… 나도 맹인 친구들 많이 있지만, 신뢰할 수는 없는 것 아니유? 신뢰할 수는 없지만…… 그래도 그것도 학문이니까 또 맞는다고 해서 맞을 경우도 많이 있지 않겠어요? 그러니까 그런 경우들을 얘기하는 거지. 그런 것도 얘기하고, 또 예를 들자면…… 태종 때…… 근데, 지금 생

각해보면, 내가 늘 불만이 있는 게…… 얘기를 하면서 확실치가 않다…… 그거 확실치 않은 것 왜 하냐고 (웃음) 그렇게 했는데도…… 그런 것들이, 몇 마디 들은 것들이 기초가 돼서…… 혹시 하고서 했는데…… 보니까 자료들이 나오는 거야.[212]

시각장애인 내부에서도 이런 이야기가 재구성되고 변화한다는 것을 인식하고 있었다. 시각장애인인 양만석은 이렇게 회고했다.

많이…… 앞뒤 얘기가…… 여러 얘기가 또 합쳐지기도 하고. 그러면서 뭐, 고려 때 있었던 음악인 얘기 같은 것이 뭐…… 우왕이, 결국은, 그 음악을 좋아했다고 그러는데…… 결국은, 그게 나중에 어떻게 하다보면 좀 유명한 충렬왕이 그 음악을 좋아했다 뭐 이렇게 변조되기도 하고……[213]

개별 사실은 재조합되지만 시각장애인이었던 임금이 시각장애인의 직업을 보호해주었다는 핵심적 기억, 총체적 기억은 지속적으로 유지되었다. 이런 맹인들의 구술문화가 전승되는 상황에 대해 양만석은 이렇게 말했다.

---

212 ___ OH_09_021_임안수_06_01
213 ___ OH_09_021_양만석_06_01

원래가, 근저가 어떻게 됐냐면…… 그런 게 있어요. 우리나라 시각장애인들 중에서 점을 배워보면…… 점을 배워보면, 선생들로부터 구전으로 지도를 받거든요? 지도를 받는데…… 그 선생님들이 관심이 있는 사람들이라면, 거기 뭐 국어, 영어, 수학 이런 게 있는 게 아니잖아? 쭉 계속 그냥, 계속 머리로 외워야 되잖아. 머리로 외워야 되니까…… 머리를 계속 쓰다보면 골치가 많이 아프죠? 그러면 휴식시간이라면…… 다른 것 뭐 게임하고 이런 게 아니라…… 휴식 시간에는 제자들을 데리고 앉아가지고 자기가 알고 있는 옛날이야기를 다 해주는 거예요. 그런 식으로 돼서 우리 역사 얘기가 쭉 전래 되어서 내려 와가지고…… 그렇다 보니까 오래 지나다 보면 이놈의 얘기가 앞뒤도 혼선이 되고…….[214]

과거의 사례가 현재 상황을 재해석하는 전거가 되다

구술문화를 통해 과거의 사례는 현재 상황을 지속적으로 재해석하는 전거로 활용되고 있다. 그래서 새로이 발생하는 현재의 갈등을 과거의 경험과 기억을 통해 재해석하며 이는 개인의 개별 기억이 아니라 공동체의 기억이었다. 그래서 과거의 역사가 종결된 역사로 머무르는 것이 아니라, 현재의 문제와 해결 방안에 대해 참조점으로 기능하

---

214 ___ OH_09_021_양만석_06_01

며 새로운 방향을 제시하게 된다.

임금이 시각장애인을 지속적으로 돌봐주었다는 논의와 시각장애인의 권익이 위험에 처하는 상황에서 시각장애인들이 권리를 유지하기 위해 계속 싸웠다는 두 가지 서사는 과거의 기억을 현재화하고 상황을 재해석하는 틀로 작용했다. 언어를 통한 기억의 전승이 과거를 현재화하고 공동체를 형성하는 기능을 담당했다는 뜻인데 이는 곧 시각장애인들이 시위 현장에서, 혹은 교실에서 선생님과 선배들에게 투쟁에 대한 기억을 전해 들으며 집단의 투쟁 의지를 강화시킨 측면이 있다는 뜻이다.

옹이 지적하듯 구술문화는 "목소리로 된 말에 의해서 넓은 범위의 일체성이 형성되는 수도 있다."[215]는 사실을 알 수 있다. 그리고 이때의 역사는 단순히 문자화된 역사가 아니라, 시위 현장, 교육 현장 등을 통해 전승되었던 기억을 통해 집단의 공동체성 형성을 가능하게 해주었다. 이처럼 시각장애인들의 구술문화는 집합 기억의 형성과 전승에 큰 역할을 했다.

집합 기억은 정체성의 형성에 핵심적 기능을 한다. 집단은 정서를 공유하면서 결합과 해체의 과정을 겪으며 형성되고 응집되기에 기억을 통해 정서적 유대가 가능해진다. 그래서 어떤 집단에 속하기 위해서 기억은 필수적이다.[216] 이야기를 공유하며 집단은 함께 저항할 수

---

215 ___ 월터 J. 옹, 1995, 앞의 책, p.117.

216 ___ Assmann, A. "Memory, Individual and Collective". In The Oxford

있었다. 시각장애인의 기억은 구술 전통으로 시작하고, 초기에는 직접적인 전승을 통해 구성되었지만, 점차로 활자화된 책, 음성 전환 가능한 디지털 매체를 통해 전승되며 재구성되고 있다.

Handbook of Contextual Political Analysis, Edited by: Goodin, R.E. and Tilly, C. Oxford: Oxford University Press, 2006.

되풀이되는 서사와 집합 기억

시각장애인들의 구술 서사는 공식적 교육 속에서 전달되기도 했고, 비공식적 모임을 통해 전달되기도 했다. 구술문화는 점자의 도입과 더불어 사라진 것이 아니라 공식적 교육 체계 내에서 일종의 역사 교육으로 살아 있었고, 앞에서 밝힌 바와 같이 다양한 매체로 저장되고 전환되면서 살아 있는 기억으로 기능했다.

시각장애인계에서 점복업자들의 구술문화가 맹학교 등에서도 전파되면서, 안마 시각장애인들의 독점적 권리를 주장하는 핵심적인 근거로 작용했다. 한편 점복 시각장애인 집단의 역사적 기억은 시각장애인계 내에서 내부적으로는 분화되어 있는 다른 집단에 정당성을 확보하는 역할을 했다. 시각장애인계에서 전해지고 있는 핵심적인 구술 서사는 국가가 시각장애인들의 직업을 보호해주었다는 것과 시각장애인계에 부당한 일이 발생하면 시각장애인이 집단적으로 격렬하게 저항했다는 기억이다.

국가가 시각장애인을 보호했다는 기억

시각장애인계의 구술문화에서는 시각장애인의 점복업에 대한 보호가 전통 사회에서 작동하고 있었다는 논의가 지속적으로 등장한다. 위에 언급된 것처럼 조선시대부터 왕조에서 맹인 점복업을 지원해주었다는 것뿐만 아니라, 지방의 수령 역시 맹인의 점복업을 보호해주었다는 기억이 전승되고 있다.

> 그때는 광복 후고 그런데도…… 그때 미신타파 이런 것 있고 이럴 때에…… 집에서 준비를 해가지고 경찰청을 상대로…… 당장 이 사람들은 생활대책을 세워라, 그러면 당장 그런 것 안 한다…… 그런 걸 봤는데…… 그러면서 참, 왜 우리는 이렇게 해야 되느냐, 하는 생각을 했고…… 학교를 들어갔는데요…… 아, 그러면서 결국 이런 저런 공부를 하면서 조선맹청 이런 얘기를 듣게 되잖아요? 그러면서 참 시각장애인들이 너무 무식하고 어리석었다. 그래서 역사적인 사료 이런 것들이 있잖아요? 보면, 동래부사가 시각장애인들, 부산지역에 있는 사람들한테, '유목독경자는 거장타살(눈이 있으면서 독경을 하는 사람은 처벌을 받는다)'이라고 했어요. 그러니까 미신타파 운동 같은 걸 정부에서 하고 이러면서 시각장애인들 하는 것은 그냥 놔두고…….[217]

---

[217] OH_09_021_양만석_06_01 강조는 저자가 표시.

이런 논의는 앞에서 언급한 공식/비공식적인 전달을 통해 맹인들에게 관습법적 법의식으로 이어졌으며, 이는 시각장애인의 안마업권에 대한 핵심적 근거로 기능하게 된다. 전통 시대에는 점복업과 음악 등에 대한 보호였고, 이는 일종의 시혜적 정책이었지만, 근대 사회의 수립 이후에도 이는 점복업이나 음악 종사 맹인만이 아니라 시각장애인 집단 일반의 권리로 확장되어갔다.

장애인 생존권 보장의 역사를 조명해 보았듯이 고려시대와 조선시대에는 점복업과 음악으로 일제 강점기와 건국 이후에는 안마업으로 시각장애인을 사회에 통합하기 위해 시작된 것이다.[218]

이런 관습법적 법의식은 단순히 시각장애인의 주관적 권리 의식으로만 머무른 것이 아니라 헌법재판소의 판결문에도 등장한다. "안마시술은 시각장애인이 하는 것이라는 사회적 관습과 국민의 법의식이 존재하여 그러한 관습과 법의식을 밑바탕에 깔고 이 조항이 입법"[219]되었다는 논지가 전개된 바 있다. 소수자 집단의 기억이 헌법재판소의 판결문에 명시될 만큼 공식적 지위를 획득하게 된 것이다. 시각장애인에게 안마 사업권이 보장되어야 한다는 관습적 권리 의식은

218 ___ 권인희, 「장애인의 생존권에 관한 헌법적 연구」, 서강대 법학과 박사학위논문, 2011.

219 ___ 헌법재판소, 「구 의료법 제67조 등 위헌제청」 (2003. 6. 26. 2002헌가16), 『헌법재판소판례집』 제15권 제1집, 663쪽. [합헌] 강조는 저자가 표시.

시각장애인 집단의 여러 성명서에서도 확인된다.

시각장애인의 안마사 독점은 조선총독부가 만든 악법이라며 불법
마사지업자들을 적극 옹호하고 나선 것. 조선시대부터 시각장애인
만을 위한 직업으로 점복사, 독경사(讀經士), 악사(樂士) 등이 있어
왔다는 사실이 있는데도 불구하고 현존하는 유일한 시각장애인 직
업을 그들의 검은 실속을 위해 강탈하려 하는 것이다. 실상 현재 2
만여 개의 직업중 시각장애인의 유일한 직업교육은 안마업뿐이다.[220]

시각장애인들의 권리의식은 조선시대 혹은 고려시대까지 소급된
다. 실질적으로 일제 강점기 이후부터 시각장애인들이 안마업에 종사
해왔지만 이전에도 시각장애인들이 독점적으로 종사해온 직업 영역
이 국가에 의해 보호받았다는 것이 권리 의식의 중요한 근거가 된다.
권리의 내용은 점복업에서 안마업으로 변화되었지만, 국가에 의해서
시각장애인의 직업과 생존이 보호받았다는 것이 권리의 주요한 근거
이다. 또한, 이런 전통에 소급하는 방식은, 이후 장애인의 유보 업종이
라는 개념과 결합하며 보다 적극적인 방식으로 사용된다.

---

220 _ 「두 번 짓밟힌 시각장애 안마사의 생존권」, 『한겨레』 2006.7.10. 한방희 시
각장애인연합회 중구지회장.

시각장애인들의 저항 기억

시각장애인들의 역사 기억의 다른 대표적인 것은 저항 기억이다. 시각장애인 점복업자들은 식민지기 미신타파 취체로 인해 많은 곤경을 겪었는데, 미신타파 취체에 대해 총독부에 대항하여 저항을 했다는 기억이 전해지고 있다.

그런데, 그때도 뭐냐면 시각장애인들이 평양, 서울, 수원, 부산 이런 데서 그 총독부 관할 사무실 쪽으로 데모를 하고 다니고 그랬거든? 그런데 재밌는 게…… 생계를 하나의 압력수단으로 내세웠던 거잖아? 그래서 지금 우리 시각장애 쪽에서 일부…… 김밥 있잖아, 김밥? 김밥 중에서…… 김밥이 원래가 싸려고 하면 밥을 해가지고 거기다가 길게 단무지나 시금치나 말아가지고 탁탁 썰어가지고 먹죠. 근데 만일 그걸 썰어가지고 안 먹으면 단무지나 이런 게 기둥처럼 뽑혀 나오잖아, 그죠? 시각장애인들이 총독부 같은 데 데모하러 갈 때, 언제까지 해산이 될지도 모르고 아예 죽으러 간다 이런 기분으로 가니까…… 그러니까 기둥 같은 김밥으로 가는데…… 이게 오래 지나면 쉬기도 하고 그렇잖아? 그러니까 고추장에다 밥을 비벼요. 밥을 비비는데 이때 멸치 있잖아? 멸치를 기름이 아니라 고추장에다 같이 볶아 가지고 그걸 갖다가 밥을 비벼요. 비벼가지고 그걸로 김밥을 싼다고. 그럼 그걸 베먹어도 꼬투리가 남고 이게 아니잖아? 그죠? 그럼 그것은 고추장하고 멸치하고 같이 비벼놨으니까 금방 쉬

지가 않는다고. 그래서 그런 김밥을…….[221]

시각장애인들이 집단행동을 하는 것은 물리적으로 쉬운 일이 아니었다. 이동자체가 불편한 상황에서 주변의 공간을 인지하지 못하면서 집단행동을 하기란 무척 어려운 일이다. 하지만 이런 집단행동이 점차 조직화되면서 다양한 시위가 발생했다. 1960년대 의료법 개정과 관련하여 시각장애인들이 투쟁하고 동맹 휴학을 했을 때, 시위대를 놓치지 않기 위해 밧줄을 붙잡고 시위했다는 기억이 오래도록 전해졌다.

둘째 날은…… 저기 종합청사, 중앙청. 그때 중앙청이죠. 중앙청을 가려고 출발을 하는데…… 거기 학교에서 가깝거든, 효자동에서? 첫째 날은 택시를 타고 쭉 갔고…… 둘째 날은 쭉 줄 서가지고 줄을 잡고 가는데…… 아참 옛날 호랑이 담배피던 시절 얘기지, 경찰관들이 앞에 줄잡고 가는…… 그러니까 중간 중간에 밧줄을 끊을 것 아냐?[222]

이런 저항의 기억이 반복·전승되면서 시각장애인 안마업자들의 시위와 집단행동이 가능했던 터다. 시각장애인들이 안마 사업권의 독점을 지켜내기 위해 지속적으로 투쟁할 수 있었던 데엔 역사적으로

---

221 ___ OH_09_021_양만석_06_01
222 ___ OH_09_021_양만석_06_01

전승된 기억을 바탕으로 저항의 서사와 권리의 서사가 함께 결합된 덕분이다. 1960년대 역사 기억 전승 상황에 대해 양만석은 다음과 같이 말한다.

> 그런, 이런 얘기 저런 얘기를 많이 들으면서 어떤 의식에 대한 것이 자꾸…… 시각장애인 선생님인데…… 주로…… 수업하고, 왜 지금 우리가 자격제도를 부활하지 못하고 이렇게 고생을 해야 되느냐, 아마 수업의 반은 그 얘기로…… 사상적인 교육을 시켰다고 봐야 될 거야.[223]

시각장애인들이 집단적 권리를 보호하기 위해 벌였던 투쟁의 기억은 공식적·비공식적 역사 교육을 통해 전파되었다. 그리고 이는 시각장애인의 권리 의식을 강화하는 데 기여했다. 시각장애인 집단의 역사에 대한 공동의 기억이 강한 투쟁과 조직력을 만드는 데 기여한 것이다. 사회적인 약자 집단들은 자신들의 권리를 주장하는 데 무척 취약하다. 조직을 구성하기 어렵고, 자원이 없으며, 또한 자신들의 권리를 주장할 수 있는 합당한 근거를 찾기도 어렵다. 그래서 사회적 약자들의 권리 주장은 이권과 이익만을 추구하는 '생떼'로 보이는 경우가 많다. 이런 사회적 약자들의 권리 주장은 "이해관계 당사자들 사이의 정치적 힘 싸움이나 '밥그릇 싸움' 문제로 만들 뿐 결코 정의의

---

223 ___ OH_09_021_양만석_06_01

문제가 되게 하기 쉽지"않다.²²⁴ 그럼에도 불구하고 시각장애인의 경우, 맹학교를 통해 국립교육이 지속되고 국가에서 자격을 인증 받았기 때문에 국가와의 상호적인 관계를 통해 시각장애인들의 조직을 구성할 수 있었다. 나아가 집단의 기억과 역사를 공유할 수도 있었다. 이처럼 투쟁에 대한 공동의 기억은 시각장애인의 권리 주장에서 꾸준히 재현되면서 권리 투쟁을 강화시키는 근거가 된다.

2006년 시각장애인 안마사업 관련 위헌 판결이 나왔을 때 시각장애인들은 마포대교 아래에서 한 달여간 시위를 지속했다. 마포대교란 장소 역시 1960년대와 1970년대에 투쟁을 벌였던 장소를 반복한 것이라고 한다. 이런 투쟁을 통해 시각장애인들은 생존권을 지켜나갈 수 있었다. 2006년 헌법재판소의 위헌 판결 이후, 대한안마사협회는 비상대책위원회를 구성하고 시위를 진행했다. 5월 29일부터 마포대교 위에서 시위를 했으며, 마포대교 아래 한강 둔치에서는 시각장애인들이 지속적으로 집회를 열고 대체 입법을 요구했다. 마포대교 아래로 투신하는 경우도 있었다.²²⁵ 투쟁의 결과 의료법이 개정되었고 현재는 시각장애인 안마업이 유보 업종으로 유지되고 있는 상황이다.

시각장애인들의 구술 전통은 집단의 기억을 형성하고, 집합적 정체성 형성을 가능하게 해주었다. 또한 시각장애인들의 권리 의식을 형성하고, 투쟁을 정당화하는 데에도 기여했다. 국가가 정책적으로 지

224 ___ 장은주, 『인권의 정치』, 새물결, 2010, p.167.
225 ___ 「'헌재결정' 비관 안마사 투신자살」, 『연합뉴스』 2006.6.5.

속적으로 시각장애인들의 직업을 보장해주었다는 관습적 권리와 헌법에 기반을 둔 생존권 주장이 그것이다. 시각장애인들이 국가로부터 권리를 보호받고 그것을 지켜온 것은 비단 식민지기 이후가 아니라 고려시대까지도 거슬러 올라갈 수 있다는 주장이다. 관습적 권리와 헌법에 근간한 생존권이라는 주장이 시각장애인들 권리 주장의 핵심적 논거를 제공했으며, 이를 바탕으로 시각장애인들은 투쟁을 지속하고 있다.

이처럼 관습적 권리에 대한 인식이 가능했던 것은 시각장애인계의 풍부한 구술 전통과 문화가 공식적인 교육과 비공식적인 교육을 통해 두루 이어졌기 때문인데, 이는 집합 기억과 집합 정체성을 형성하는 데 핵심적인 역할을 했다.

대한민국 정부 수립 이후 헌법이 국민의 권리를 보장하고 있지만, 헌법적 권리를 실질화하는 인권의 역사는 요원하다. 하지만 시각장애인 집단은 자신들의 구술문화적 전통에 기초하여 관습적 법의식을 확산시킬 수 있었고, 사회적으로 인정을 획득할 수 있었다. 작은 권리 형성과 유지의 기억들 및 이야기의 발굴을 통해 소수자의 역사를 복원하고 인권의 역사를 재서술할 수 있게 된 것이다. 다음 장에서는 이런 역사가 동아시아에서 어떻게 펼쳐졌는지 살펴보고자 한다.

1898   1912   1926   1966   1973   1980

6장

동아시아 시각장애인 생존권의
상이한 경로

1990

2000

2010

2020

동아시아의 시각장애인들

시각장애인의 대표적 직업 영역인 안마업은 한국·대만·일본에서 각각 다른 경로로 발전했다. 동아시아의 근대 속에서 작은 집단으로 존재했던 시각장애인들은 어떻게 생존했을까?

시각장애인의 안마 사업권은 흔히 적극적 우대 조치로 생각되지만, 이것은 동아시아의 전통과 근대의 착종(錯綜) 속에서 발생한 것이다. 일본이 자국 내 시각장애인들의 청원을 수용하여 시각장애인들의 안마 사업권을 근대적 직업으로 인정한 것이 그 시초인데, 대만과 한국의 시각장애인들이 선택한 안마 사업의 역사적 연원은 일본 식민 통치에서 기인한다. 즉 시각장애인의 안마 사업 종사는 일본 식민주의로 인해 발생한 동아시아적 특색이라 할 수 있다. 서양에도 시각장애인들이 안마업에 종사하는 경우가 있지만, 이는 동아시아의 문화가 전파된 결과이다.

일본에서는 침·구·안마의 면허가 일종의 유사 의료 영역에서 시각장애인들에게 갑종·을종으로 허가되고 있다. 한국에서는 침·구에 대한 면허는 허가되고 있지 않으며, 안마만이 시각장애인의 독점적 직업으로 인정되고 있다. 한편 대만에서는 안마만이 시각장애인의 독점적 직업으로 인정되고 있었으나 대법원에서의 위헌 판결로 인해 2007년 독점이 폐지되었다. 따라서 이번 장에서는 이 같은 차이가 발생하게 된 요인이 무엇인가에 주목한다.

이 글은 식민 통치의 유산으로 비롯된 시각장애인의 안마업이 소수자의 생존권의 영역으로 발전해왔지만 국가별로 다른 양상으로 나타나고 있다는 점에 주목하고자 한다. 사회적 약자의 권리가 작동하고 실천되는 것을 심층적으로 이해하려면 단순히 법적 논리의 비교만이 아니라 각국의 사회적 관계의 차이에 대한 심층적 분석이 필요하기 때문이다. 따라서 어떤 사회적 관계의 차이로 인해 동일한 제도가 상이하게 발전했는지 비교·분석하는 것이 이 글의 주요 관심사다.

또한 이 글은 권리에 대해 역사·사회학적 접근의 필요성을 강조한다. 인권이 보편적으로 정초되는 깃이 아니라 국가별 상황에 따라 상이하게 작동하며 사회적 힘에 의해 형성된 것이라는 '권리의 사회학'적 시각에서 출발한다. 사회학 등에서 인권과 권리에 대한 연구들이 증가하고 있지만, 서구 중심적 인권 개념과 자연법적 인권 개념의 틀을 벗어나지 못하고 있다. 최근 서구 사회학계 내에서도 서구 중심적 인권 개념의 극복을 주장하는 논의들이 증가하고 있다. 인권을 연구하는 사회학자 중에는 인권 자체의 탄생이 특정한 이익에 대한 권리가 확장되는 과정에서 탄생했다고 주장하는 사람도 있다.[228] 또한, 권리는 일정한 행동관계를 생산하고 강제하는 사회적 관계들[229]이다.

따라서 인권이 좋은 사회로 이끌어가는 어떤 초월적인 원칙이 아니라 개인의 보호와 사회적 보호를 실현시키는 수단으로서 그것이 어떻게 실제로 작동했는지 그리고 어떻게 실천으로 옮길 수 있는지를 이해하는 것[230]이 매우 중요하다.

이런 관점에서 일련의 사회학자들은 인권에 대해 연구하려면 권리에 대한 철학적 기원을 추구하는 정초주의(foundationalism)의 입장 대신 인권의 주장이 전개되고 제도화되어가는 사회적 실천에 관심을 기울여야[229] 한다고 주장한다. 이는 인권 연구가 규범적 주장을 넘어 특정 사회적 맥락 속에서 권리가 형성되어온 과정을 연구하는 역사·사회학적/사회사적 인권 연구로 연결될 필요를 주장하기 때문이다.

이 글에서는 이런 문제 의식에 입각해 시각장애인의 안마업권의 비교·분석을 통해 권리의 실천을 분석하고자 한다. 안마사라는 근대적 직업 제도가 한국·일본·대만의 각 사회에 소개되고 제도화되었을 때 어떤 발전 경로를 갖게 되었는지를 분석하려는 것이다. 이는 결국,

226 ___ Anthony Woodiwiss, Human Rights, Routledge, 2005; Malcolm Waters, "Human Rights and the Universalization of Interests: Towards a Social Constructionist Approach", Sociology 30: 3, 1996; Upendra Baxi, Future of Human Rights, Oxford University Press, 2002.

227 ___ Anthony Woodiwiss, 위의 책.

228 ___ Margaret R. Somers and Christopher N.J. Roberts, "Toward a New Sociology of Rights: A Genealogy of 'Buried Bodies' of Citizenship and Human Rights", The Annual Review of Law and Social Science 4, 2008.

229 ___ Lydia Morris, "Sociology and rights - An Emergent field", edited by Lydia Morris, Rights: Sociological Perspectives, Routledge, 2006.

소수자의 직업에 대한 권리 주장이 어떻게 실질화되어 갔는가에 대한 연구이기도 하다. 점복업, 고(鼓) 등 유사한 시각장애인의 전통을 동아시아 사회는 공유하고 있었지만, 근대화 과정에서 안마라는 새로운 직업이 각 국가에 이식되게 되었다. 하지만 일본에서는 부분적 보호, 한국에서는 완전 독점, 대만에서는 독점의 폐지라는 다른 경로를 가고 있다. 이런 차이가 어떤 사회적 관계의 차이로 인해 존재하게 되었는지를 분석하는 것은 각 사회에 대한 깊이 있는 이해를 가능하게 해 줄 것이다.

동아시아 시각장애인의 안마업의 역사

전통의 재조직화: 일본의 시각장애인

동아시아에서는 시각장애인의 안마업을 전통적인 직업이라고 인식하고 있다. 하지만 시각장애인의 안마업 종사의 전통은 근대 일본에서 시작되었다. 전통 사회에서 근대 사회로의 변동 속에서 맹인의 생존을 위해 안마라는 새로운 직업 영역을 창출한 것이다. 일본에서는 전통 사회 이래 시각장애인들이 강한 집단적 동질성을 유지하면서 직역 집단을 유지해왔다. 대표적으로 시각장애인들은 비파, 샤미센 등을 연주하는 악사가 되거나 맹승(盲僧)으로 활동했다.

일본에서 맹인들은 중세에서부터 근세에까지 예능 활동에 종사하는 직인들이었다. 이들은 대체로 음악이나 점복업 등의 직종에서 전문적인 조직을 유지[230]하고 있었다. 메이지유신 이전 당도좌(當道座)

---

230 ____ 谷合侑, 『盲人の歷史』, 明石書店, 1998.

는 맹인 남성의 조직으로서 일종의 직역 집단이었는데, 맹인에 대한 자체적인 재판권을 가지는 등 상당한 자율권과 조직력을 갖추고 있었다. 하지만 메이지 정부는 일반적인 신분 질서의 바깥에 있던 집단에 대하여 정확한 실태를 파악하여 폐쇄적이고 특권적인 조직 형태를 문명개화된 직업과 영업 방식으로 변화 가능하도록 유도하면서 근대적인 사회를 건설하기 위해 당도좌란 조직을 폐쇄[231]했다. 이 과정에서 전통적인 직업을 상실하게 된 시각장애인들은 맹인의 직업 보호를 강력하게 요구했는데 이때 시각장애인의 직업으로 주장된 것이 삼료업(三療業: 침·구·안마)[232]이었다.

종래의 신분 제도 폐지는 역설적으로 하층민의 직업을 상실하게 하는 측면이 있었다. 그래서 일본의 시각장애인들은 메이지 국가가 맹인들을 무책임하게 방임한 것에 대항하면서 19세기 말부터 20세기 초까지 맹인들의 자립 조치를 강구하는 논의들을 전개했다. 하지만 메이지 중기 이후로 경기가 침체되면서 안마업 위주로 생계를 이어가던 맹인들의 생활이 궁핍해졌는데 이들의 수입은 도쿄의 슬럼에서 생활하는 빈민들보다도 감소하게 되었다. 그래서 맹인들은 각 지역에서 침안 강습회를 개최해 기술을 향상시키고 침구 안마업을 활성화하는 노력을 전개해갔다. 또한 「안마전업법안」「침구의사법안」 등을 제정하

231 ____ 鈴木正行,『視覺障害者をめぐる社會と行政施策』, 明石書店, 2010, pp.30-31.
232 ____ 藤康昭,『日本盲人社會史研究』, 未來社, 1974.

게 해달라는 요구를 전개했다.

당도좌 폐지 이후, 시각장애인들은 자구책을 마련하기 위해 직업 활동을 강조[233]했다. 이런 과정에서 특히 도쿄, 교토, 오사카 등지에서 국립 맹학교 설립 운동이 전개되었고, 전통 시대의 신분제적 조직은 이후 근대적인 교육 기관을 근거로 시각장애인의 조직으로 전환되었다.

한편 메이지 유신 이후 일본 시각장애인은 지역별로 직업이 분화되었다. 교토와 도쿄 지역의 당도좌에 속했던 시각장애인들은 근대적 직업 교육을 통해 안마사로 변화해갔다. 하지만 일본의 동북 지역에서는 여전히 타이코[太鼓]라고 하는 맹승, 즉 점복업자로 활동했다. 동북 지방과 규슈 지방의 경우에는 비교적 보수적인 방식으로 점복업이 유지되었지만, 교토와 도쿄 등 신문화(新文化)의 영향을 받은 곳에서는 안마업을 통해 시각장애인의 근대적 직업을 창출하려는 노력[234]이 전개[235]되었다. 이런 과정을 거쳐 안마업은 시각장애인의 직업으로 자리매김하게 된다.

일본 사회에서 전통 사회가 근대 사회로 변화될 때 시각장애인들이 안마 사업권을 유지할 수 있었던 것은 시각장애인 집단의 강한 결

---

233 藤康昭, 위의 책.

234 広瀬浩二郎, 『障害者の宗教民俗学』, 明石書店, 1997.

235 일본 현지 조사 시 오사카 민족박물관의 역사인류학자인 코지로 히로세 [広瀬浩二郎]는 일본에서 시각장애인의 문화에는 지역별 차이가 존재한다고 설명했다. 그래서 도호쿠 지역이나 규슈 지역에서는 상대적으로 맹인 점복업이 활발한 반면 교토와 오사카에서는 근대화된 학교가 활발히 운영되고 있다고 한다. 코지로 히로세는 본인이 시각장애인으로 역사인류학을 연구하고 있다.

속과 관습법적 권리 주장이 일반 법제도로 번역되었기 때문이라고 볼 수 있다. 메이지 시대의 위기를 단결을 통해 넘긴 시각장애인들은 이후 미군정 통치하에서도 이에 대해 적극적으로 대응할 수 있었다. 1945년 이후 미군 점령 체계하에서 일본의 침안업은 자칫 폐지될 위험에 처하기도 했다. 연합군 최고사령부(GHQ)는 삼료업이 시각장애인이 종사해도 되는 직업인지에 대한 의문을 제기했는데, 이는 서구적 의료의 시각에서는 침구를 의료 영역으로 인정할 수 없었기[236] 때문이다. 따라서 이들은 침구를 폐지하고자 했었다. 하지만 그 과정에서 시각장애인들은 강력한 결속력을 발휘하여 생존권을 주장했고 결국 자신들의 직업을 지켜낼 수 있었다. 이것이 가능했던 것은 "시각장애인들이 생존할 수 있는 유일한 방법이었을 뿐 아니라, 사회에서 시각장애인들이 역할하는 긴 역사가 있었기 때문"이라고 한다. "침구의 폐지는 맹인들에게 생존의 문제였다. 이는 메이지 유신기의 당도좌의 해산에 버금가는 큰 문제였다. 학생, 교사는 물론 개업한 삼료업자까지 모두 단결하여 조직화된 방식으로 반대 운동을 제기했다. 이는 전국적으로 이루어진 운동"[237]이었다.

236 ____ 당시에 대하여 한국의 원로 시각장애인들은, 미군정이 침술 및 전통의학에 대해 부정적인 태도를 보인 이유가, 미군들이 제2차 세계대전 당시 포로수용소 시설 침술 치료의 경험이 있었는데 이를 일종의 고문술로 인식하고 있었다고 한다. -OH_09_021_양만석_06_01, 국사편찬위원회 구술자료(주윤정 수집, 2009)
237 ____ Nozomi Donoyama, "Introduction of Traditional Japanese Massage, Anna, and Its Education for The Visually Impaired: The Past and The Present", TCT Education of Disabilities 3, 2004.

관습적 권리 의식의 유지로 인해, 서구적 법체계, 의료체계의 도입으로 인해 많은 제한이 발생했음에도 불구하고 시각장애인들의 강력한 조직의 전통에 힘입어 기어이 자신들의 권리를 지켜낸 것이다. 이는 결국 「안마 마사지 지압사 침 및 구사 등에 관한 법률[あん摩マッサージ指圧師'はり師'きゆう師等に関する法律」(1947)의 제정[238]으로 이어지게 된다. 일본에서는 전후 만들어진 이런 제도가 별다른 변화 없이 유지되었다.

일본에서는 전통 사회에서 근대 사회로의 전환 이후 시각장애인들의 직업 세계가 전환되면서 안마가 시각장애인의 특수한 직업 영역으로 자리 잡았다. 이런 상황에서 일본 맹인의 침구 안마업은 특정한 직업군으로 인정받을 수 있었다. 식민지 조선과 마찬가지로 침구 안마업에 대한 미군정의 통제가 발생했을 때에도 일본의 시각장애인들은 강력한 투쟁을 통해 침구 안마업을 유지할 수 있었다. 물론 여기에는 의료 체제의 특성도 한몫했을 것이다. 덕분에 전전(戰前)에 형성된 갑종·을종 제도를 기반으로 한 '을종'의 시각장애인 안마업 제도가 현재까지도 이어지고 있다. 맹학교 등의 특수학교에서 시각장애인에 대한 직업 교육으로 안마를 지속적으로 교습하고 있다. 현재에도 전국의 맹학교에서는 안마를 주요한 시각장애인의 직업 영역으로 설정하고 교육하고 있다.

---

238 ____ http://law.e-gov.go.jp/htmldata/S22/S22HO217.html (2017.8.1. 검색) 현재도 이 법령은 유지되고 있다.

복지제도로서의 안마업: 대만의 시각장애인

대만에서 시각장애인들이 안마업에 종사하게 된 것은 일본 식민통치의 영향 때문이다. 전통적으로 맹인들은 농업, 점복업 및 걸식 등의 방법으로 생활했다. 대만에서 초기의 시각장애인 교육은 영국 장로교회 목사인 윌리엄 캠벨(William Cambell, 1841~1921)에 의해 시작되었다. 캠벨은 1891년 '훈고당(訓瞽堂)'이란 학교를 대만의 남부 타이난에 세워 성경, 점자, 편직, 수공예, 공예 등을 가르쳤다. 1897년 재정난으로 문을 닫자 일본이 식민화 이후 이 학교를 인수했다. 식민 정부는 타이난에 '자혜원'을 세웠고, 부설 기관인 훈고당을 자혜원 맹인 교육부로 바꿔 맹인 교육을 시작했다. 이후 1905년 식민 당국에 의해 「대만자혜원 맹생교육규정(臺南慈惠院盲生教育規程)」이라는 교육 규정이 수립되어 보다 체계적인 교육을 실시[239]했다. 5년간의 일반 과정과 3년간의 기술 과정으로 구성되어 도덕, 일본어, 체육, 창가, 안마 등을 배웠다.[240] 선교사들이 다양한 직업 교육을 선호했다면, 일본인들은 안마를 위주로 직업교육을 실시했다.

1895년 대만 인근 샤먼 지역의 맹인을 조사한 자료에 의하면, 맹인은 약 300여 명이었는데 점복업 종사의 맹인이 약 140여 인이었

---

239 ____ 臺灣教育會, 『臺灣教育沿革誌』, 對北: 臺灣教育會, 1939. http://dl.ndl.go.jp/info:ndljp/pid/1281533

240 ____ 林萬億, 『臺灣的社會福利：歷史與制度的分析』, 伍南, 2012

고, 걸식을 하는 경우는 50에서 60인인데, 그중 절반은 부녀였다고 한다. 일반 민가에는 약 100여명 정도였다. 조사자가 보기에는 서너 종의 직업이 있는데 하나는 점복업, 두 번째는 걸식, 세 번째는 노동이었다.[241] 한편 중국 본토에서는 시각장애인들이 일종의 조합을 형성해 활발하게 활동[242]하고 있었다. 중화 문화권에서 맹인들이 점복업에 종사하는 것은 문화적 전통이었다. 대만에서도 일부 맹인들이 점복업에 종사했지만 중국 본토와 달리 대만에서는 점복업자들이 강한 조직력을 가지고 직업 영역을 형성하지는 않았다. 또한 "1905년 일본정부가 대만에서 진행했던 제1차 임시호구조사에 의하면, 대만 맹인 15,582명 중, 농업·목축·임업·어업 종사자는 60.1퍼센트를 차지했고, 무직자는 2.4퍼센트를 차지했다."[243] 대체로 어업 및 농업 등에 종사하는 경우가 많았다고 볼 수 있다. 하지만 맹교육에 의해 맹인들의 대표적인 직업은 안마로 점차로 변화했다. 이는 또한 점복업 등 유사 종교에서의 의료 행위를 금지하면서, 맹인들의 영업 영역이 점차로 줄어든 것과도 관계가 있다.[244]

241 ___ 「論利益青盲人」, 『台南府城教會報』, 124 (1895年), 頁60. 邱大昕, 「盲流非盲流：日治時期臺灣盲人的流動與遷移」, 『臺灣史研究』 22(1), 2015에서 재인용.

242 　 John Stewart Burgess, The Guilds of Peking, Columbia University Press, 1928.

243 ___ 邱大昕, 「台灣早期視障教育研究1891-1973年」, 『教育與社會研究』 24, 2012, p.20.

244 ___ 邱大昕, 「盲流非盲流：日治時期臺灣盲人的流動與遷移」, 『臺灣史研究』 22(1), 2015, p.24.

일본 식민 정부는 1902년 대만에 「침구술안마취체규칙(鍼灸術按摩取締規則)」을 제정해 맹인만이 안마에 종사하게 했다. 하지만, 대만에서는 식민지 조선과 달리 국립맹아교육기관에서 체계적으로 안마를 가르치지 않았다. 거류 일본인이 증가하면서 민간 차원에서 일상적으로 전파된 것으로 보인다. "안마는 일본 맹인의 전통적 직업으로 일본인은 관습적으로 치료 안마 등을 찾았기에 일본에서는 맹인의 재능이 발휘되었다. 대만에는 거주하는 일본인이 많지 않았고 대만 본토인들이 안마에 대해서도 낯설게 생각하고 있었다. 그래서 맹인은 안마만으로 독립 생존하기 어려웠고, 맹인들은 다른 길을 찾았다."[245]

일제 시기 대만에서는 산업화가 진전되면서 농업·어업 분야에서 맹인들이 차지했던 일자리도 줄어들었다. 1930년대에 이르러 산업화로 인해 사회사업·구제의 혜택을 받아야 하는 맹인 인구가 증가했지만, 맹인 학교에서 졸업하고 안마 업종에 종사하는 맹인은 여전히 극소수에 불과했다. 그럼에도 불구하고 일본 식민 성부는 적극적으로 대만의 맹인을 침구(針灸), 안마사로 교육하지 않고 오히려 많은 일본의 정안인(正眼人: 비시각장애인)들을 일본으로부터 대만에 데려와 침구와 안마업에 종사하게 했다.

한편 일제 시기 맹인 학교는 전체적으로 대만 맹인의 취업에 큰 도움을 주지 못했다. 각 지방청은 안마술, 유도정복술(柔道整復術: 접

---

245 ___ 邱大昕, 「為什麼馬殺雞?―視障按摩歷史的行動網絡分析」, 『台灣社會研究季刊』 83, 2011, p.20.

골)의 경우 영업 허가를 받은 자만이 합법적으로 영업할 수 있다고 규정했는데, 갑종의 경우 안마술을 4년 이상 연수하고 졸업한 사람, 을종의 경우에는 2년 이상 연수하고 졸업한 이를 대상으로 했다. 당시는 기계화로 인해 맹인 집단 내 전통 농업 종사자의 수가 점차 감소하는 상황이었다. 대만의 사회학자인 치유다신[邱大昕]은 대만의 공업화와 산업화로 인해 맹인들이 전통적인 농업·어업 사회에서의 직업을 상실해서 맹인에게 안마가 주요한 직업으로 변화했다고 주장[246] 한다. 일본, 한국과 달리 대만에서는 전통적으로 강력한 시각장애인의 집단이 별도로 존재하지 않았던 것으로 보인다. 대만 시각장애인에 대한 문헌에서 어업에 종사했다는 등의 기록은 있지만 일본의 당도좌나 혹은 한국의 맹인 점복업 조합과 유사한 조직은 발견되지 않았다.

대만은 식민지 조선과 마찬가지로 안마업이 맹인의 전통적인 직업이 아니었다. 안마업이라는 직업과 시장 영역이 자체적으로 형성되지 않았다. 더욱이 해방 이후 국민당 정부하에서는 민간 영역의 의료는 방치된 상태였다. 그래서 시각장애인들이 안마업에 종사하는 것은 법적으로 보호된 것이 아니라 관행적인 방식으로 이루어졌다. 이후 시각장애인에 대한 안마 규정은 별다른 제도적 기반 없이 사회에서 관행으로만 존재했다.

국민당정부 이후 식민지 시기에는 중의학 등에 대한 금지를 해제

---

246 ___ 邱大昕, 2011, 위의 글.

하고 전통적인 중의학과 한약의 사용을 개방해 민간 의료에 대하여 반(半) 개방적인 정책을 취했다. 그래서 중의학 종사자가 늘어나면서 점차적으로 침구 안마업 등에 종사하던 시각장애인들의 직업 영역이 점진적인 도전과 위협을 받게 된다. 또한 국민당정부는 시각장애인의 안마업 종사를 제한하여, 미등록자에 대해서는 강력하게 단속했고 학교 교육 등에도 제한을 두어 맹인들의 직업 영역의 범위와 내용은 대폭 축소[247]되었다.

이후 1973년 대만에서 시각장애인들의 안마업을 활성화시키려는 움직임이 처음 시작되었는데, 대만 정부는 애초에는 "안마는 물리 치료의 하나의 항목으로 안마 의료는 맹인이 능히 할 수 있는 것이 아니다."라고 주장했다고 한다. 그러던 대만 사회에서 퇴폐(色情)사업이 활성화되면서 마사지업과 결합되는 형태가 많이 등장하게 되었다. 타이베이의 맹인복리협진회의 이사장은 1979년 「장애인복리실시법안초안(殘障福利實施辦法草案)」에서 "맹인안마직업을 보호"하는 조문을 넣어 "최근 수년 동안 각 지역에서 색정 마사지가 창궐했다. 정안인(正眼人)이 독점하고, 맹인 안마업자들은 경쟁을 할 수 없었다. 그래서 맹인 안마를 보호하기 위해서 생겨난 것이다."라고 주장했다. 이렇게 하여 1980년에 제정된 심신장애자복지법에 시각장애인의 안마업을 독점하는 규정이 들어가게 된 것이다. 이로써 "시각장애인이 아닌 자는 안마업에 종사할 수 없다(非視障者不得從事按摩業)."라는 규정과 함

247 ___ 邱大昕, 2011, 위의 글, pp.26-27.

께 시각장애인의 안마업은 법적으로 보호를 받게 되었다.

당시는 1981년 UN에서 세계장애인의 해를 선정하는 등, 장애인의 인권에 대한 국제적인 관심이 높아져 가는 상황이었는데, 그 과정에서 대만은 장애인복지법을 제정했고, 시각장애인의 안마업 보호가 그중 일부 조항으로 들어가게 된 것이다. 대만의 장징궈 총통의 군사 계엄령하에서 시각장애인의 안마 사업은 독점적인 지위를 갖고 보호[248] 받게 되었다.

하지만 독재 정권 종식 후, 민주화된 대만에서 시각장애인의 안마업 독점은 일반인의 직업 선택의 자유와 평등을 제한한다고 하여 2007년 위헌 재판이 제소되었고, 위헌 재판 이후 3년의 시효를 두고 2008년 결국 독점권은 해체[249]되었다. 대만의 위헌 재판은 다음과 같이 판결했다.

헌법 제15조의 규정에 따라 사람들이 자유롭게 일할 수 있는 권리를 보장해야 한다. 일하는 사람에게 직업의 자유로운 선택 즉 일·시간·직업의 자유의 구현 방법을 강구하고, 비시각장애인을 위해서, 안마업계에서 장애인이 아닌 사람의 영업을 금지하는 조항을 변경해야 한다. (중략) 시각장애인의 직업권을 보장하는 것은 공공이익을

---

248 __ 王育瑜, 「視障按摩多元執業類型演變與按摩師弱勢型態分析」, 『臺灣社會研究季刊』 83, 2011, p.42.

249 __ Chun-Yuan Lin, 2010, 앞의 글, p.231.

특히 중시하기 위함이다. 그래서 관련 기관이 시각장애인에게 적합한 직업훈련기관을 알선하고 직업의 다원화 수단을 구체적으로 실시하고, 안마업 및 관련 일자리를 적절하게 관리해야 한다. 이를 바탕으로 시각장애인과 비시각장애인에게 모두 직업권의 자유를 제공[250]해야 한다.

사회의 민주화로 인하여 각 사회 영역에서 권리 주장이 강화되면서 소수자에 대한 보호 조치가 역설적으로 폐지되었다. 이렇게 시각장애인 안마업의 보호 조치가 급격하게 폐지된 이유는 안마업 자체가 소규모 사업으로 이루어지면서 규모화가 이루어지지 않았고, 또한 대만에서는 시각장애인 안마가 음성적 안마 시술과 결합되지 않았기 때문이라고 볼 수 있다. 또한 비시각장애인이 종사하는 안마업이 활성화되면서 정안인 안마사가 증가했고 상대적으로 맹인들이 일할 기회가 감소[251]했다는 짐도 또 다른 요인으로 작용했다. 하지만 독점 폐지 이후 정부는 시각장애인들의 안마업을 활성화할 수 있는 정책을 펼쳤고, 그 결과 공항이나 기차역 등지에서 시각장애인들이 안마업에 종사할 수 있게 되었다.

---

250 ___ 身心障礙者保護法按摩業專由視障者從事之規定違憲？民國 97年10月 31日, 釋字第 649 號 http://www.judicial.gov.tw/constitutionalcourt/p03_01. asp?expno=649 (2017.8.1. 검색)

251 ___ 「知識寶庫」廣播集--盲人資料系列演講專輯 盲人按摩面面觀【葉正孝】, 資料來源:國立臺灣圖書館 日期: 2009.10.14.

식민/탈식민 과정에서 시각장애인의 직업 변화

동아시아 시각장애인 직업 변화 비교

일본이 대만과 조선에서 식민 통치를 실시함으로써 시각장애인에 대한 특수교육은 일종의 '문명화 사명(civilizing mission)'의 하나로 인식되어 근대적 교육과 사회사업의 영역으로 도입되었다. 선교사와 총독부 양자 모두 시각장애인에 대한 직업 교육을 근대적 제도의 핵심적 영역으로 생각하여 도입한 것이다.

식민지 조선의 경우 서양의 선교사들은 점자와 수예, 타이핑 등 다양한 직업 교육과 문해 교육을 실시했다. 하지만 조선총독부의 영향력이 강화되면서 시각장애인의 근대적인 직업 영역은 안마로 일원화되었다. 전통적으로는 시각장애인들이 판수라 불리며 점복업에 종사하는 경우가 많았지만, 식민지기를 거치며 점차 안마업에 종사하는 시각장애인들의 수가 증가하였다. 하지만 안마업은 일본인을 대상으로 한 사업영역이었으므로, 해방 이후 안마업은 독자적으로 존속되기 어려웠다. 해방 이후 서구식 의료 체계의 도입으로 인해 삼료업은 한국에서는 폐지[252]되었다. 이후 여러 시각장애인의 투쟁을 통해 안마업이 시각장애인의 독점적 직업으로 인정받게 된다. 하지만 한국 사회에서는 여전히 갈등적 요소가 잠재해 있고, 시각장애인의 안마업의 독점이 직업 선택의 자유를 제한한다는 위헌 소송이 여러 차례 진행 중이다.

대만에서는 일제 식민 통치 이후 안마업이 맹인의 직업으로 도입되었다. 그리고 안마업이 시각장애인의 독점적 직업으로 1979년 이후 인정되었지만, 2000년대 이후 시장 자유화와 더불어 이 독점이 폐지되었다. 대만에서는 시각장애인의 조직이 상대적으로 강하지 않았고, 전통적인 권리 의식이 다소 약한 편이었기 때문에 상대적으로 시장의 영향을 받아 독점권이 비교적 용이하게 폐지되었다고 볼 수 있다.

일본에서는 안마업이 시각장애인들의 특수한 직업 영역으로 자리매김하고 있었다. 전통 사회 이래 일본 사회에서는 시각장애인이 악사, 승려 등으로 다양한 활동을 펼쳤고 일종의 직역 집단으로 존재했다. 그런데 메이지 유신 시기 전통 사회의 직능 단체들이 폐지되면서 시각장애인 악사의 조합이었던 당도좌가 해체되었다. 이 과정에서 강력한 집단성을 유지하고 있던 시각장애인들은 새로이 근대적으로 세워지고 있는 맹학교에 직업 영역을 강력하게 요구했고 이후 침, 구, 안마 즉 삼료업에 대한 권리를 갖게 되었다. 하지만 이는 시각장애인에

---

252 ___ 주윤정, 2012, 앞의 글.

게만 부여된 배타적인 권리가 아니라, 시각장애인에 대한 부분적인 직업 보호라고 볼 수 있다. 1945년 이후 미군정 시기, 삼료업 자체가 폐지될 위험에 처했지만 시각장애인들의 강력한 반발로 폐지되지 않고, 현재까지 유지되고 있으며 이에 대한 사회의 경쟁이 존재하지 않는다. 그렇기 때문에 일본에서는 한국과 대만처럼 법제 제정과 폐지의 움직임이 별다른 문제없이 근대 시기 형성된 제도 아래 유지[253]되었다. 물론 여기에는 비시각장애인과 시각장애인 모두 삼료업에 종사할 수 있었기 때문에 이 영역에 대한 과도한 경쟁이 발생하지 않아 제도적 안정성이 유지되었다는 점도 작용한다.

시기	일본	한국	대만
전통 시대	당도좌: 악사 등 강력한 시각 장애인 집단	맹인 점복업자인 판수, 악사 강력한 시각장애인 집단	개별적인 어업 종사 조직화된 집단은 없음
1871	당도좌가 정부의 명령으로 폐지되었음. 신분제도 철폐		
1891			영국 켐벨 선교사 타이난에서 訓瞽堂(맹인교육) 시작

253 ___ 한센병력자의 역사에서도 일제 강점기 형성된 강제 격리 규정이 한국에서는 1962년 폐지되었지만, 일본에서는 1997년까지 유지되었다. 탈식민과정에서 식민지 국가에서는 제도의 변화들이 발생하지만 일본에서는 근대 초기의 제도들이 유지되는 경우들이 종종 있다.

1898	시각장애인의 직업을 확보하기 위한 투쟁. 침안강습회 등을 개최해서, 근대적 직업/ 국립 맹학교에서 안마 침구안마를 직업교육/ 삼료업(三療業)의 시작	평양에서 서양 선교사 홀(Hall)여사의 맹교육 시작	
1900 1902 1911	안마술영업취체규칙(按摩取締規則)(1911)		훈고당 재정난으로 폐쇄, 총독부에 의해 타이난에서 자혜원 운영/ 안마를 맹인직업교육으로 침구술안마취체규칙(鍼灸術按摩取締規則)(1902)
1912		조선총독부 제생원관제 제정	
1914		인마술· 침술· 구술 영업취체규칙(경무총감부령 10호)	
1946		미군정청 후생부 안마술· 침술· 구술 영업취체규칙 효력 정지	
1947	GHQ는 안마, 침, 구 등을 전면적으로 금지하고자 했음. 이는 의료의 보조수단이고 시각장애인이 종사하기에는 부적절하다는 이유. 시각장애인들의 강력한 반대 운동으로 폐지되지 않음. 삼료업에 대한 법률제정(あん摩マツサージ指圧師、はり師、きゆう師等に関する法律)		
1973		의료법 내에서 안마사 자격인정/시각장애인 안마업 독점	

1980		심신장애자복지법 제정	심신장애자복지법내에 서 안마업 독점 관련 규 정 신설 "非視障者不得從事按 摩業" 시각장애인의 안 마업 독점 인정
2003		안마업 독점 합헌	
2006		안마업 독점 위헌	
2008	시각장애인 三療業 종사	안마업 독점 합헌	안마업 독점 위헌(대법 원 판결)

동아시아 시각장애인 안마업의 변화 연표

한국과 대만의 시각장애인 안마업은 일본의 식민지 기원을 근거로 유사하게 출발했지만 이후 사회적 경로와 자원에 따라 부분적으로 시각장애인의 직업이 허용되거나, 혹은 독점의 유지 혹은 폐지 등 각기 다른 결과가 발생했다. 대만과 한국은 식민지 시기와 해방 이후, 그리고 권위주의 체제와 민주화의 과정에서 시각장애인의 직업이 각기 상이한 경로를 걷게 되었다. 이런 구조적 변동 속에서 소수자의 직업을 둘러싼 환경은 변화했는데, 각국의 차이가 나타나게 되는 대표적인 원인은 다음과 같다.

의료 체계와 시장의 차이

각국의 차이는 의료 체계와 시장 속에서 시각장애인의 안마업이 위치한 사회적 위상과도 관련이 있다. 한국에서는 안마업이 형식적으로는 의료법에 의해 규정되어 있는 유사 의료 영역[254]이다. 일본에서는 안마업이 준 의료의 영역에 존재하고 있다. 대만에서는 안마·마사지 등이 일상에서 광범위하게 활용되고 있다. 각 사회에서 안마업의 의료 체계 내의 진입 여부와 시장화의 정도는 안마업 권으로 대표되는 직업권의 유지 여부에 영향을 주고 있다. 일본의 경우 시각장애인의 안마는 준 의료 영역에 속하며 삼료업으로서의 지위를 보장받고 있다. 시각장애인의 안마업은 의료법으로 규정되고 있다. 그래서 사회적으로 시각장애인의 안마업에 대한 일정한 합의가 존재하고 유지되고 있으며 제도적으로 안정되어 있다고 볼 수 있다.

한국·대만·일본 삼국이 시각장애인의 안마업 종사에 다른 시각을 보여주는 것을 이해하려면 각국의 전통적 의학 체계와 양의와의 관계 속에서의 안마업이 점하는 지위를 고려해야 한다. 일본은 서양 의료 체계 속에 전통 의학이 포함되어 있다. 하지만 대만의 경우 국민당 정부는 대만에서 다양한 민간 의료에 대해 별다른 제재를 가하지 않았고, 중의를 점차 합법화[255]하기 시작했다. 중의의 영역과 안마의 영역이 혼재되는 성격이 있었기에 대만의 안마사들은 의료 영역에서의 경쟁력을 획득할 수 없었다. 반면 한국에서는 해방 이후 양의와 한

---

254 ___ 한국에서는 유사 의료로 규정이 되지만 실질적으로 안마업이 성매매업과 결합되어 있다. 이것은 의료 제도 속에 존재하기에 다른 영역과의 경쟁 속에서 우위를 점할 수 있었다.

255 ___ Nigel Wiseman, "Education and Practice of Chinese Medicine in Taiwan", Speech given at 31st TCM Congress, Rothenburg, 2000.

의의 양원 체제가 확고하게 자리 잡았다. 1960년대 한의와 양의 양자 모두 침·구·안마 등 유사 의료업이 공식 시장 내에 진입하는 것을 격렬히 반대[256]했지만, 해방 이후 시각장애인의 강력한 운동과 조직으로 인해 시각장애인 안마업만 의료법 안에서 유사 의료적 지위를 획득[257]할 수 있었다. 각국 법체계 내에서 유사 의료의 위상에는 차이가 있다.

한국에서는 1973년 의료법 체계 내에서 안마가 시각장애인의 독점적 업종으로 법제화되었다. 의료법에 시각장애인의 안마가 준 의료영역으로 규정되었지만, 실질적으로 산업적인 측면에서는 음성 퇴폐산업과 결합되어서, 의료법은 일종의 안마업을 보호하는 형식적인 수단으로 기능했다. 그래서 위헌 재판 시에도 시각장애인의 안마업이 음성 퇴폐업을 합리화하기 위한 수단이라는 비판[258]이 제기되기도 했다.

대만의 경우에는 안마업이 일본 식민 통치하에서 새로운 근대적 직업으로 도입되었지만, 해방 이후 안마업 자체가 활성화되지 않았기 때문에 독점적 업종으로 존재하지 않았다. 1970년대 후반부터 소비

---

256 ＿＿ 조병희, 「침구영역을 둘러싼 전문직간의 집단갈등」, 『보건과 사회과학』 제14집, 2003.

257 ＿＿ 주윤정, 「'사람 취급' 받을 권리―1970년대 시각장애인 안마사 생존권의 역사」, 『역사비평』 제103호, 2013.

258 ＿＿ 한국에서는 위헌재판 이후, 건전안마 등 운동이 장애인복지관이나 장애인 자립생활센터 등을 중심으로 진행되고 있다. 이는 안마가 기존의 음성적 영역이 아니라 준의료영역으로 자리매김하고 양성화하기 위한 노력의 일환이라고 볼 수 있다. 김재왕, 「시각장애인의 실태와 비시각장애인 안마사 자격 제한 – 논증의 구체화를 중심으로」, 『사회보장법연구』 제1호, 2012.

시장이 활성화되면서 1980년대에는 안마업이 시각장애인의 독점적인 업종으로 인정되었다. 이는 의료법이 아니라 장애인복지법의 영역에서 규정되었기에 시각장애인의 안마는 엄밀한 의미에서 의료 행위가 아니라 장애인에 대한 복지 정책의 일환으로 존재했다.

일본과 한국에서는 형식적으로 안마가 의료의 영역에서 보호받고 있기 때문에 제도화 정도가 보다 공고했다고 볼 수 있다. 또한, 대만에서는 대체 의학적 진료가 법적으로 강하게 금지되지 않고 활성화되어 있었다. 시각장애인들의 안마업은 이런 대체 의학 시장 속에 통합되어 존재했기 때문에 독점적인 지위를 주장하기 어려운 측면도 있었다. 또한, 대만에서는 시각장애인의 안마업 독점은 의료법이 아닌 장애인복지법에 의해 규정되어 있어서 제도화 정도가 약했다. 한국에서는 한의사의 존재로 인해 대체 의학에 대한 규제가 비교적 강력하게 작동하는 편이어서 공식적 제도로서의 의료와 비제도의 의술 간의 차이가 명확한 편이다. 또한, 일본에서는 시각장애인의 안마업이 고유의 시장을 형성하고 있는 반면, 한국과 대만에서는 식민화 이후 전파된 것이기 때문에 시장에서 상대적으로 안정적인 지위를 갖고 있지 않았다. 하지만 한국에서는 안마업이 퇴폐업과 결합하면서 상대적으로 규모화를 가능하게 한 측면이 있었다. 대만에서는 안마업이 소규모 영세업으로 운영되었을 뿐이다. 한국에서 안마업이 본격적으로 산업화된 것은 1980년대 강남 개발과 연계[259]되어 있는 반면 대만에서는

---

259 ____ 양만석, 『안마업의 역사』, 미간행원고.

시각장애인 안마 센터가 1990년대 이후에야 본격적으로 등장하기 시작했다.[260]

또한, 각국의 고용 현황과 인구의 차이 또한 고려해야 한다. 일본의 경우에는 2004년 310,000명으로 조사[261]되었다. 2000년 조사에 의하면 약 27,551명이 안마업에 종사하는 것으로 추정된다. 이는 유도 정복업자의 약 28퍼센트이며 이들은 대부분 자영업의 형태로 조직되어 있다고 한다.[262] 대만의 경우에는 약 2만 8천 명의 시각장애인 중 2,160명의 시각장애인이 안마업에 종사하는 것으로 조사[263]되었다. 또한, 이들은 주로 자가 혹은 가족 기업 형태의 안마 센터에 고용되어 있다고 한다. 현재 한국의 안마사 자격증 소지자는 약 5,000명 정도로 안마사 협회 회원으로 등록하여 활동하는 사람은 4,500명가량이다. 이 중 대부분인 80퍼센트 정도가 안마 시술소에서 근무하고 있는 것으로 추정된다. 한국의 안마업의 주요한 고용 형태는 안마 시술소라고 볼 수[264] 있다.

260 ___ 王育瑜, 2011, 앞의 글.

261 ___ 平成18年身体障害児·者実態調査結果 http://www.mhlw.go.jp/toukei/saikin/hw/shintai/06/index.html (2017.8.1. 검색)

262 ___ 独立行政法人高齢·障害者雇用支援機構障害者職業総合センタ_,「鍼灸マッサ_ジ業における 視覚障害者の就業動向と課題」, 2005.

263 ___ 『99年視覺障礙者勞動狀況調查報告』, 行政院勞工委員會.

264 ___ 김영일 외, 「시각장애인의 직업재활 및 고용촉진 방안연구」, 『장애와 고용』 제54권 겨울호, 2004.

이렇듯 세 나라의 상황을 비교한 결과 시각장애인의 안마업이 어떤 법과 체계에 의해 보호되는지, 시장의 상황과 종사자 수, 그리고 고용 형태에 어떤 차이가 있는지 알 수 있었다. 이런 직업 조건의 차이는 안마 사업이 각국에서 시각장애인의 핵심적 생존권으로 보호될 수 있는지의 여부와 관련되는 것으로 보인다.

관습에 기반을 둔 권리 주장

일본의 시각장애인 안마사들이 직업 영역을 지속적이고 안정적으로 유지할 수 있었던 데엔 일본 시각장애인의 조직이 강력했다는 점이 한 몫 한다. 일본에서는 전통 시대 이후 시각장애인들의 조직이 활성화되어 있으며 이를 바탕으로 맹학교를 중심으로 조직화되어 있었다. 한국의 경우에도 전통 시대 이래 점복맹인들을 중심으로 맹인 조합이 존재했다. 이는 해방 이후 안마사 협회, 시각장애인 연합회, 맹인 점복업자 협회 등 여러 직능 단체로 조직화되었다. 또한, 국립 맹학교를 중심으로 강한 결속력[265]을 가지고 있다고 볼 수 있다.

반면 대만의 경우에는 전통적인 시각장애인 조직이 활성화되어 있지 않았다. 대만에는 시각장애인의 자체적인 단체는 맹인복리협회

---

265 ___ 주윤정, 「'맹인' 점복업 조합을 통해 본 소수자의 경제활동」, 『한국사연구』 제164호, 2014.

(社團法人台灣盲人福利協進會)[266]가 중심이지만 안마업의 보호에는 큰 역할을 하지 못했다. 계엄령의 영향력이 강했던 사회에서 사회 단체의 설립이 용이하지 않았던 것도 원인일 것이다. 맹학교 역시 대부분 사립으로 운영되면서 조직력이 약했다고 볼 수 있다. 각국의 상이한 역사적, 사회적 맥락에서 시각장애인의 집단이 자체적으로 조직화된 경우에는, 외부에서 시각장애인의 직업 영역을 위협하는 상황이 발생할 때 이에 대한 집단화된 행동과 자신들의 직업을 지키기 위한 적극적인 활동이 가능했다. 예를 들어 전통 시대에서 근대 사회로 변화하는 과정에서 일본의 시각장애인들의 안마업권이 근대적 직종으로 인정받게 된 것은 일본 시각장애인들의 운동에 힘입은 바 크다. 그래서 메이지 유신 이후 신분제와 각종 전통 조직이 폐지되어가며 맹인의 생활이 위태로워졌을 때, 일본의 시각장애인들은 자신들의 관습적 권리를 새로운 방식으로 창출했다. 관습적 권리에 대한 주장은 때로는 사회적 약자들의 보호막[267]이 되기도 한다. 마찬가지로 한국에서도, 시각장애인들이 특정한 직역에 복무하는 것이 조선시대 이래 내려오는 특권이라는 의식이 시각장애인들 사이에 강력하게 존재하고 있었

---

266 ___ 社團法人台灣盲人福利協會, http://taiwanblind-ncc.org.tw/page/about (2017.8.1. 검색)

267 ___ 근대화가 되며 민법 체계에 의해 전통적인 관습이 제거되고, 근대적 사적 소유권 제도가 확산되어간다. 하지만 때로는 관습은 사회적 약자들에게 기존의 사회적 제도에 대해 저항할 수 있는 핵심적 근거로 기능하기도 했다. Edward Palmer Thompson, Customs in Common: Studies in Traditional Popular Culture, Merlin Press, 1991.

다. 집합 기억의 형태로 존재해온 이런 관습적 권리 의식이 한국에서 시각장애인이 안마업을 유지시켜 오는 데 커다란 문화적 자산으로 활용되었는데, 맹인 점복업에 대한 전통적인 권리 의식이 안마업으로 이전된 셈이다.[268]

일본과 한국에서는 시각장애인에게 특정 직업 영역에 대한 일종의 권리가 있다는 인식이 강력하게 작용했다. 예를 들어 일본에서도 1947년 연합군최고사령부(GHQ)가 삼료업을 비과학적이라며 폐지하고자 했지만, 일본 시각장애인의 격렬한 저항에 힘입어 이는 폐지되지 않고 지속되었다. 일본은 이것이 사회 내에서 어느 정도 합의가 되었기에 위헌 소송 등 강력한 갈등이 존재하지 않았다. 반면 전통 시대 이래 시각장애인의 조직화가 상대적으로 약했던 대만에서는 이런 관습법적 권리 의식이 존재하지 않았다.

또한, 한국의 시각장애인 안마사들은 음성적 안마업에 기반을 둔 물적 토대를 마련하고 있으며 강력한 조직력을 갖추고 있다. 한국에서는 시각장애인 안마사 출신을 국회의원으로 배출하고, 정치적으로 입법 과정에서 상당한 로비 능력을 갖출 수[269] 있었다. 하지만, 대만의 경우에는 상대적으로 조직화의 정도가 약했으며 사회적인 여론을 환기하는 데도 다소 역부족[270]이었다.

---

268 ___ 주윤정, 2012, 앞의 글.
269 ___ OH_09_021_정화원_06_01
270 ___ 대만의 사회운동가들은 한국의 사회운동과 대만을 비교하며 한국의 전투성에 대해 언급하는데, 대표적인 사례로 한국 시각장애인 안마사들의 조직력과 단

시각장애인들의 안마업 종사는 한국과 대만에서 모두 식민 통치의 문화적 유산이다. 하지만 양국에서 위헌 재판에서의 결과가 다르게 등장하는 데에는 법적 판결의 법리적 이유만이 아니라 시각장애인 집단의 조직력과 관습적 의식의 차이 등에서 비롯되었다. 한국의 시각장애인들이 안마업권에 대한 강한 주장을 할 수 있었던 것은 "조선시대 이래 시각장애인의 직업 영역을 국가가 보호해주었다."[271]는 강력한 권리 의식이 존재했기 때문이다. 직업 보호의 내용은 시각장애인 점복업자에서 안마사로 바뀌었지만, 점복업을 보호해주었다는 것과 권리를 지키기 위한 집단의 투쟁이 지속적으로 존재했다는 투쟁의 기억이 안마사업에 대한 권리 주장으로 이전[272]된다. 이런 시각장애인들의 주관적인 권리 주장은 위헌 재판에서도 인정되어 판결문에 '관습'이 권리의 근거로 논의되었다. 하지만 대만의 경우 일제에 의한 통치 이전에 한국의 경우와 유사한 강한 직업 집단이 존재하지 않았다. 어업 등에 종사했다는 기록은 있지만, 일본이나 한국처럼 전통시대의 강한 직업 집단이 근대적 국가 체계로 이전된 과정은 잘 찾아볼 수 없다. 이런 역사와 관습의 차이가 시각장애인들의 안마업의 독점에 대한 사회와 경쟁 집단의 인식에 영향을 주었을 수도 있을 것이다.

한국에서 안마업권이 생존권으로 인정받을 수 있는 강력한 근거

결, 강력한 투쟁을 예로 들기도 한다.

271 ___ OH_09_021_양만석_06_01

272 ___ 주윤정, 「시각장애인의 구술전통과 역사전하기」, 『구술사연구』 제5권 제2호, 2014.

중의 하나는 이것이 관습적 권리의 성격이 있다는 것이었으며 이는 위헌 재판 판결문에도 등장한다. 하지만, 대만에서는 2007년 대법원 위헌 판결의 사례에서 볼 수 있듯이 이것이 관습적 권리 의식이라기보다는 평등권의 침해라는 성격이 강하게 부각되었다. 대만에서는 상대적으로 관습적 권리에 대한 시각장애인 자체의 인식과 사회적 인식 모두 약한 편이었다고 볼 수 있다.

대만과 한국의 위헌 판결이 불과 하루 차이를 두고 이루어졌는데 상반된 판결이 났다는 점은 매우 상징적이다. 한국의 판결문에서 합헌에 대한 근거는 관습적 권리의 인정, 사회국가의 원리, 기본권 보장에 대한 논의였다. 첫 번째로 2003년의 판결문에는 시각장애인의 안마사 제도가 시각장애인에게 허용되는 영역이라는 법의식이 존재했다는 의견이 제시되었다. 이는 안마사 제도에 대한 일종의 관습적 권리를 인정한 것이라 볼 수 있다.

하지만 대만에서는 직업 자유를 제한하는 불평등한 구조에서 기인된 문제라는 인식이 있으며, 이를 불평등의 문제로 바라보았기 때문에 직업의 자유를 활성화하는 대신, 시각장애인에 대한 사회복지에 대한 요구를 강화할 것을 주장했다. 이에 대해 "한국이 생존의 시나리오라면 대만의 평등의 시나리오"[273]가 판결의 차이를 야기했다고 이야기된다.

한국에서 생존권이란 인식이 강하게 존재하는 데엔 시각장애인

---

273 ___ Chun-Yuan Lin, 2010, 앞의 글, p.232.

의 안마가 이 집단의 생존과 직결된 문제라는 사회적 인식의 존재 덕분이다. 해방 이후 한국에서는 조선시대 이래의 생존권의 관습을 주장하고 있는 시각장애인들이 집단의 권리를 주장할 수 있던 반면, 대만의 경우에서는 조직화 정도가 낮아서 이를 집단의 문제라기보다는 시각장애인이 아닌 개인의 직업의 자유를 침해하는 문제로 인식했던 것이다. 강력한 역사적/관습적 권리 의식을 갖고 있는 한국의 시각장애인들과 달리 대만에서는 그런 권리에 대한 서사[274 275]가 상대적으로 약했다고 파악된다.

이렇듯, 소수자의 권리는 그 법적 규범의 자족적 원리에 의해 결정되는 것이 아니라, 사회적·역사적 과정을 통해 각 사회의 차이에 따라 다른 경로가 형성된다는 것을 알 수 있다. 한국과 대만의 차이가 발생하는 데에는 특히 조직력과 관습의 차이가 중요한 역할을 감당했다.

274 ___ 주윤정, 2014, 앞의 글.
275 ___ 조직화 정도에 대한 차이의 하나로 시각장애인 역사에 대한 자체적 기록의 유무를 비교해볼 수 있을 것이다. 일본과 대만에서는 시각장애인들이 스스로 집단 자체의 역사 서술을 하거나, 기록을 남기기도 했다. 하지만, 대만의 경우에는 전문 연구자의 서술을 제외하고는 맹인 자신들에 의해 서술된 기록이 부재한 편이다. 소수자 집단이 자체적인 역사 기록을 남길 수 있는 것은 집합적 기록을 전승하기 위한 집단의 조직력과 관련이 있을 것이다. 京都市立盲唖院,『瞽盲社会史』, 1934; 中山太郎,『日本盲人史』, 1934 등 일본의 경우에는 다양한 자료가 남아 있다. 한국에서는 구술 기록이 많이 남아 있으며 이를 바탕으로 시각장애인 본인이 역사서를 서술했다. 김천년,『맹인실록』, 미간행원고; 임안수,「한국 맹인 직업사 연구」, 단국대학교 대학원 박사학위 논문, 1986; 임안수,『한국 시각장애인의 역사』, 한국시각장애인연합회, 2010; 양만석,『안마업의 역사』, 미간행원고 등이 대표적이다.

동아시아 시각장애인의 다른 경로와 저항

이번 장에서는 동아시아 시각장애인의 생존권의 발전 과정에 대한 비교를 통해 소수자의 권리가 어떻게 사회적으로 형성되고 실천되었는지 분석했다. 시각장애인의 안마업권은 일본 식민지에 의해 시작되어 동아시아 지역에서 활성화된 특수한 영역이었다.

안마업은 일본의 식민 통치에 의해 시작되었지만, 이후 탈식민화 과정에서 국가별로 상이한 발전 과정을 거쳤다. 즉 일본의 식민 통치 시기, 시각장애인이라는 사회적 약자를 보호하는 정책을 펼쳐서 근대적이고 문명적인 권력으로 인정받을 수 있도록 시각장애인에 대한 직업 교육을 실시한 것이다. 안마는 일본의 근대화 과정에서 일본의 맹인들이 전통에 기반을 두고 생존권의 영역을 창출한 것이다.

식민지 시대부터 시작된 이런 근대적 직업 영역이 대만과 한국에서 사회에 뿌리내리고 정착하는 데에는 여러 가지 어려움이 있었다. 첫째로 해방 이후 한국에서는 일본인을 중심으로 구성되어 있던 안마업 시장이 붕괴하면서 시각장애인 안마사들이 일자리를 찾기가 어려워졌다. 하지만 학교에서의 안마 교육이 지속되면서 교육과 시장과의 괴리가 발생하기 시작했다. 이는 대만에서도 마찬가지였다. 두 번째로, 시각장애인들의 여러 노력으로 인해 안마사업이 시각장애인의 독점적인 직업으로 인정된 이후 시장이 확장하면서 기타 경쟁적 집단들에 의해 시각장애인의 안마업은 어려움에 직면하게 되었다. 특히 민주화 이후 각 집단의 권리 주장이 강해지면서 권위주의 정부에 의해 보호받던 시각장애인의 안마업의 독점은 유지되기 어려웠다. 그래서 안마업이 유사 의료 영역에 확고히 존재했던 일본에서는 시각장애인 안마업의 영역이 유지되었지만, 한국과 대만에서는 위헌 재판의 대상이 된 것이다. 물론 한국에서는 4차례 걸친 위헌 재판 끝에 현재 합헌이 유지되고 있지만, 대만에서는 결국 위헌으로 판결되었다. 한국에서는 시각장애인의 관습적 권리와 사회국가적 원리가 강조되었지만, 대만에서는 시각장애인들의 직업권의 보호의 논리보다는 비장애인들의 직업 선택의 자유 침해 및 평등권 저해라는 점에 방점을 찍어 판결이 내려진 탓이다.

이렇듯 유사한 역사적 제도와 직업에 대해 대만과 한국에서 각각 상이한 법적 판단이 나오게 된 것은 순수하게 법적 추론에 입각해서라기보다는 각국 시각장애인들의 조직화의 정도, 권리 의식, 의료 영역 및 시장의 상황, 시각장애인 조직의 물질적 자원, 종사 인구수 등과 밀접한 관계가 있다. 사회적 약자들의 생존권이 실제로 사회에서 보장되는 것은 추상적인 원리에 기반하고 있기보다는 사회적 제도·관계·행위자의 조직과 의식 등 복잡한 요인으로 인해 결정됨을 알 수 있다.

탈식민 과정에서 한국과 대만은 모두 권위주의 통치하에서 사회적 영역이 형성되어갔다. 독재정권 시기 한국과 대만에서는 모두 시각장애인의 직업이 법의 테두리에서 보호받았지만, 민주화 과정에서 이는 특정 집단에 대한 우대로 인식되며 제도적 기반이 흔들리게 되는 '평등의 딜레마'[276]가 발생하기도 했다.

이렇듯 각국의 상이한 사회적 조건과 시각장애인 조직력의 차이로 인해 시각장애인의 직업권은 상이한 상황에 놓여 있다. 식민화/탈식민화 과정에서 소수자 집단의 생존권에 대한 제도의 형성과 변화과정은 각 국가의 사회적 조건에 의해 영향을 받는다. 다시 말해 생존권, 즉 권리는 단순히 법률에 의해 제정되고 보호받는 것이 아니라 지난한 사회적 실천의 과정과 투쟁의 결과로 형성된다는 의미이다. '작은 이'들의 역사는 결국 생존하기 위해 각자 속해 있는 사회적 상황 속에서 지난한 싸움과 연대를 통해 권리와 집단을 지켜온 저항과 투쟁의 역사이다.

276 ___ Martha Minow, Making All the Difference: Inclusion, Exclusion, and American Law, Cornell University Press, 1990.

참고문헌

게레멕 브로니슬라프. 『빈곤의 역사: 교수대인간 연민인가』. 이성재 옮김. 길. 2011.

그람시, 안토니오. 「옥중수고 2」. 이상훈 옮김. 거름출판. 1991. p. 70.

그로스, 노라 엘렌. 『마서즈 비니어드섬 사람들은 수화로 말한다: 장애수용의 사회학』. 박승희 옮김. 한길사. 2003.

긴즈부르그, 카를로 『치즈와 구더기: 16세가 한 방앗간 주인의 우주관』. 김정하 외 옮김. 문학과 지성사: 서울. 2001.

김기창. 『한국시각장애실록: 개화기부터 2009년까지』. 법현. 2015.

김도현. 『당신은 장애를 아는가』, 메이데이. 2007.

김창엽 외. 『나는 '나쁜' 장애인이고 싶다』. 삼인. 2002.

김천년, 『맹인실록』, 미간행원고.

셔우드 홀, 『닥터 홀이 조선회상』, 김동열 옮김, 좋은 씨앗, 2003.

소현숙. 「식민지 조선에서 '불구자' 개념의 형성과 그 성격」. 한국학논

총, 2017. 48. 289-320.

월터 J. 옹, 임명진 외 옮김, 『구술문화와 문자문화』, 문예출판사, 1995.

이자벨라 버드 비숍, 『조선과 그 이웃 나라들』, 신복룡 옮김, 집문당, 2000.

임안수, 『한국 시각장애인의 역사』, 한국시각장애인연합회, 2010,

임안수, 『한국 맹인 직업사 연구』, 단국대학교 대학원 박사학위 논문, 1986

정창권. 『근대 장애인사: 장애인 소외와 배제의 기원을 찾아서』. 사우. 2019.

정창권. 『세상에 버릴 사람은 아무도 없다: 역사 속 장애인 이야기』. 문학동네. 2003.

칼 폴라니, 홍기빈 옮김, 『거대한 변혁』, 길, 2009, 48쪽.

톰슨, 에드워드 파머. 『영국노동계급의 형성』 나종일 외 옮김. 상/하. 창비:서울. 2000.

한국시각장애인복지재단, 『한국맹인근대사』, 2004,

Abberley, Paul. "The Concept of Oppression and the Development of a Social Theory of Disability", Disability Studies: Past Present and Future, eds, by Barton and Oliver, The Disability Press. 1997. pp.160-178

Albrecht et all. *Handbook of Disability Studies*. Sage Publication. 2001.

Anthony Woodiwiss, Human Rights, Routledge, 2005

Barnes, C., Oliver, M. and Barton, L. eds. *Disability Studies Today*. Polity. 2002.

Bhabha, Homi K. *The location of culture*. Routledge. 1994. .

Carey, Allison. *On the Margins of Citizenship: Intellectual Disability and Civil Rights in Twentieth-Century America*. Temple University Press. 2009.

Catherine Kudlick, "Disability History: Why We Need Another 'Other'", *The American Historical Review* 108:3, 2003

Chatterjee. *The Politics of the Governed: Reflections on Popular Politics in Most of the World*. Columbia University Press. 2006.

Davis, L.J. *Enforcing Normalcy: Disability, Deafness and the Body*, Verso. 1995.

Hanes, Roy, Brown, Ivan, & Hansen, Nancy E.. The Routledge handbook of international histories of disability (Routledge history handbooks). Routledge. 2017.

Henri-Jacques Stiker, *A History of Disability*, trans. by William Sayers, Univ. Of Michigan Press, 2002.

Somers, Margaret R. and Christopher N.J. Roberts, "Toward a New Sociology of Rights: A Genealogy of 'Buried Bodies' of Citizenship and Human Rights", *The Annual Review of Law and Social Science* 4, 2008.

Midgley, J. *Social Security, Inequality and the Third World*. John Wiley

& Sons, 1984.

Minow, Martha, *Making All the Difference : inclusion, exclusion, and American Law*. Cornell University Press, 1990.

Upendra Baxi, *Future of Human Rights*, Oxford University Press, 2002.

谷合侑,『盲人の歷史』, 明石書店, 1998.

邱大昕,「盲流非盲流:日治時期臺灣盲人的流動與遷移」,『臺灣史硏究』 22(1), 2015,

藤康昭,『日本盲人社會史硏究』, 未來社, 1974.

주윤정 논문 출처

1장 「慈善과 慈惠의 競合: 식민지기 '盲人' 사회사업과 타자화 과정」. 『사회와 역사』. 2008. 80호. pp. 141-174

2장.「'맹인' 점복업 조합을 통해 본 소수자의 경제활동」. 『한국사연구』. 2014. 164호. pp. 125-155.

3장.「식민지기 문화정책의 균열: 박두성의 訓盲點字와 盲人」. 『인천학연구』. 9호. 2008. pp. 245-270.

4장. 「'사람 취급' 받을 권리—1970년대 시각장애인 안마사 생존권의 역사」. 『역사비평』. 2013. 103호. pp. 92-116.

5장. 「시각장애인의 구술전통과 역사전하기」. 『구술사연구』. 2014.

5(2) pp.11-35

6장. 「동아시아 시각장애인의 생존권의 비교: 일본·대만·한국의 시
각장애인 안마사업권을 중심으로」. 『사회와 역사』. 2017. 115호. pp.
345-377.

(ㅅ)

사회사업   12, 22, 24, 26, 28, 37, 40, 54~56, 60, 63, 116, 222,
            227

생존권   145~146, 153, 156~157, 161, 164, 169, 173, 176,
            201~202, 206~207, 212, 218, 233, 236, 239~244

서벌턴   18, 19, 32

서사   6, 30, 181~182, 191, 193, 197, 199, 205, 241

선교사   12, 24, 26~27, 30, 37~38, 40~43, 54~61, 64, 79,
            81, 114, 116, 138, 151, 184, 187~188, 220, 227,
            229~230

시각장애인   5~7, 10~13, 15, 21~22, 25~32, 37, 39, 45~48,
            50~52, 54, 61, 65, 69~71, 77~78, 81, 85~92,
            94~98, 101~104, 111~112, 116, 119, 125, 127,
            130, 133, 136, 139~140, 145~146, 148~177, 181,
            183~188, 190~191, 193~207, 211~244

시위   81, 156, 160~162, 164, 197, 204, 206

식민/식민주의 10~12, 19, 23~24, 26, 29~32, 37~40, 43~44,
            46~49, 51, 54~55, 60~62, 64, 69, 75, 79, 81, 87,
            90~91, 96, 104, 109, 110, 113, 116, 118, 122,
            135~136, 138~139, 147, 149~150, 153~154,
            157~159, 162, 168, 171~172, 174~176, 184, 203,
            207, 211~212, 219~220, 222~223, 227~229, 231,
            233~234, 239, 242, 244